高等职业技术院校"十二五"规划教材——交通运输类

高速铁路运输组织

主　编　孙桂岩
副主编　陈友伟
主　审　刘文浩

西南交通大学出版社
·成都·

图书在版编目（CIP）数据

高速铁路运输组织 / 孙桂岩主编. 一成都：西南交通大学出版社，2014.8（2020.7 重印）

高等职业技术院校"十二五"规划教材. 交通运输类

ISBN 978-7-5643-3287-7

Ⅰ. ①高… Ⅱ. ①孙… Ⅲ. ①高速铁路－铁路运输管理－高等职业教育－教材 Ⅳ. ①U238

中国版本图书馆 CIP 数据核字（2014）第 196582 号

高等职业技术院校"十二五"规划教材——交通运输类

高速铁路运输组织

主编 孙桂岩

责任编辑	孟苏成
封面设计	何东琳设计工作室
出版发行	西南交通大学出版社 （四川省成都市二环路北一段 111 号 西南交通大学创新大厦 21 楼）
发行部电话	028-87600564　028-87600533
邮政编码	610031
网　　址	http://www.xnjdcbs.com
印　　刷	成都蜀通印务有限责任公司
成品尺寸	185 mm×260 mm
印　　张	8.5
字　　数	212 千字
版　　次	2014 年 8 月第 1 版
印　　次	2020 年 7 月第 4 次
书　　号	ISBN 978-7-5643-3287-7
定　　价	21.00 元

图书如有印装质量问题　本社负责退换

版权所有　盗版必究　举报电话：028-87600562

前　言

2008年8月1日，随着京津城际铁路的开通，中国正式进入了全球瞩目的高铁时代。目前，我国高速铁路营业里程居世界第一，已成为世界上高速铁路系统技术最全、集成能力最强、运营里程最长、运行速度最快、在建规模最大的国家，成为世界铁路复兴的领跑者。

铁路运输是重要的现代化运输方式之一，在国民经济中占有重要地位，是国民经济的大动脉。高速铁路以其具有速度快、安全性高、运能大、能耗低、正点率高等优点普遍得到各国的青睐，已经成为世界铁路的发展趋势。

随着我国国民经济的快速增长，我国高速铁路的建设进入了一个全面发展、快速建设的新阶段。2004年1月，国务院通过了《中长期铁路网规划》，并于2008年对铁路网规划进行了调整，规划到2020年，全国铁路营业里程达到12万km以上，复线率和电气化率分别达到50%和60%以上，主要繁忙干线实现客货分线，基本形成布局合理、结构清晰、功能完善、衔接顺畅的铁路网络，运输能力满足国民经济和社会发展需要，主要技术装备达到或接近国际先进水平。

本教材主要介绍高速铁路中与铁道交通运营管理专业紧密联系的相关知识，总结了世界高速铁路的先进技术成果和运营经验，从基本知识、基本原理及基本技能角度对高速铁路相关专业进行了介绍。同时，增加了近年来我国高速铁路建设所取得的先进技术成果，力求给广大读者了解高速铁路提供一个良好的窗口。

本教材在内容的编排上，注重理论联系实际，突出基本知识的学习，注意吸收和运用国内外高速铁路建设、发展、运营的最新技术和信息，力求符合教学需要及高职高专学生的学习和认知规律，从而达到内容的全面性、系统性和实用性。

本教材由辽宁铁路职业技术学院具有多年理论教学和丰富铁路现场经验的"双师型"教师团队编写。全书共分为6章，各章编写的分工如下：第一、二、三章由孙桂岩执笔，第四章由陈友伟执笔，第五章第一、二、四节由张敬文执笔，第三、五节由王越执笔，第六章由孙志辉执笔。全书由孙桂岩统稿，由沈阳铁路局高级工程师刘文浩主审。

本书在编写过程中得到了沈阳铁路局及秦沈客运专线、哈大客专有关专家的大力支持和帮助，并参考、借鉴、吸收了相关文献、书籍及资料，在此对相关作者一并表示深深的感谢。

由于资料来源和编者水平有限，且编写时间仓促，本教材难免存在不足之处，诚恳希望师生及相关读者提出批评及改进意见。

编　者
2014年6月

目 录

第一章　绪　论 ··· 1
　第一节　国外高速铁路发展概述 ··· 1
　第二节　高速铁路的技术经济特征 ··· 5
　第三节　我国高速铁路发展规划 ··· 8

第二章　高速铁路线路 ··· 11
　第一节　概　述 ··· 11
　第二节　高速铁路线路的平面和纵断面 ······································· 11
　第三节　高速铁路轨道 ·· 15
　第四节　无缝线路 ··· 26
　第五节　高速铁路路基 ·· 28
　第六节　高速铁路桥隧结构 ·· 30

第三章　高速铁路车站 ··· 37
　第一节　概　述 ··· 37
　第二节　高速铁路车站设备 ·· 39
　第三节　高速铁路车站图型 ·· 44

第四章　高速铁路动车组 ··· 52
　第一节　动车组概述 ·· 52
　第二节　动车组的编号、基本组成及主要技术参数 ······················· 53
　第三节　CRH_5 型动车组 ·· 56
　第四节　CRH380B 型动车组 ··· 73

第五章　高速铁路客运服务 ·· 86
　第一节　概　述 ··· 86
　第二节　高速铁路客运站及列车服务 ··· 87
　第三节　高速铁路列车乘务组成及制度 ······································· 95
　第四节　高速铁路服务系统 ·· 100
　第五节　高速铁路动车组应急处理 ··· 110

第六章　CTC 调度指挥与列控系统 ·· 116

 第一节　CTC 调度系统的构成及分类 ·· 116

 第二节　CTC 车站行车组织办法 ·· 118

 第三节　CTCS-2 级列控系统信息传输 ·· 121

 第四节　应答器、轨道电路设置原则及限速 ································ 124

参考文献 ·· 130

第一章 绪 论

  高速铁路是当今世界集高新技术于一身的重大技术成就,既有基础设施的高标准建造,也有动车组移动装备的高速度要求,更要有把车、地、通信、信号、自动控制和调度指挥合为一体的系统集成的核心技术要求。高速铁路是社会经济发展和运输市场竞争的需要,它促进了地区经济的发展和城市化进程,在经济发达、人口密集地区的经济效益和社会效益尤为突出。从 20 世纪初至 50 年代,德国、法国、日本等国都开展了大量的有关高速列车的理论研究和试验工作。1903 年 10 月 27 日,德国人用电动车首创了试验速度达 210 km/h 的世界纪录;1955 年 3 月 28 日,法国人用两台电力机车牵引 3 辆客车,使试验速度达到了 331 km/h,但直到 20 世纪 60 年代,高速铁路技术才进入实际运用阶段。

  高速铁路的概念是相对的、不断发展变化的,各国的标准也不一样。国际铁路联盟(UIC)规定的高速铁路是指通过改造原有线路(直线化、轨距标准化),使营运速率达到 200 km/h 及以上,或者专门修建新的"高速新线",使营运速率达到 250 km/h 及以上的铁路系统。我国对"高速铁路"的定义分为两部分:一是指既有线改造达到 200 km/h 和新建时速达到 200~250 km 的线路,在这部分线路上运营的时速不超过 250 km 的高速列车称为"动车组(D 车)",以及按 D 车模式运行的跨线 G 车,同时可执行普通客运列车及少量货运列车作业的运营模式;二是指新建的时速达到 300~350 km 的线路,这部分线路上运营时速达到 300 km 及以上的"高速动车组(G 车)"以及最高速达 300 km/h 的 D 车。

  高速铁路除了列车营运速率达到一定标准外,车辆、路轨、操作都需要配合提升。

第一节 国外高速铁路发展概述

一、日本新干线

1. 日本高速铁路的发展历史

  日本是世界上第一个建成实用高速铁路的国家。1964 年 10 月 1 日东海道新干线正式营业,代表了当时世界第一流的高速铁路技术水平,标志着世界高速铁路由试验阶段跨入了商业运营阶段。刚开通时高速列车运行速度为 210 km/h,从东京至大阪间旅行时间由 6 h30 min 缩短到 3 h。东海道新干线投入运营后,高速列车的客运市场占有份额迅速上升,每天平均运送旅客 36 万人次，年运输量达 1.2 亿人次，取得了预期的经济效益。

1975 年山阳新干线通车营业，列车最高速度 270 km/h；1982 年上越新干线通车营业，列车最高速度 240 km/h；1985 年东北新干线通车营业，列车最高速度 240 km/h；1997 年长野新干线通车营业，列车最高速度 260 km/h。

2011 年 3 月 5 日，日本新干线速度最快的列车"隼鸟号"投入运营。其运行在首都东京与北部城市青森之间，最快运行速度达到 320 km/h，如图 1-1 所示。

图 1-1　日本高速铁路列车"隼鸟号"

2. 运输组织特点

日本新干线全部是新建的客运专线，与既有铁路走向分开。白天行车、夜间维修。由于只开行高速列车，运输组织工作简便。

3. 运营组织特点

（1）营销措施。发行上班族、学生用的月票，推销"买 10 送 1"的优惠次数票。

（2）方便的换乘条件。新干线的车站设置最大可能地考虑到方便旅客集结、疏散和换乘。一般中间站均与既有线车站共站而设，使旅客在两线之间方便换乘，同时利用城市交通网，与地铁、有轨交通、市郊列车等共站。

二、法国高速铁路

（一）法国高速铁路的发展历史

法国的高速铁路（TGV）建成于 1981 年，最早在巴黎与里昂之间穿梭，现已形成了以巴黎为中心向外辐射的东南线、大西洋线、北方线、东南延伸线（或称罗纳河—阿尔卑斯线）、巴黎地区联络线、地中海线和欧洲东部线等 7 条交通主干线，可以到达 50 多个城市，并延伸到英国、荷兰、比利时、瑞士等邻近国家，是全球最快的高速列车之一。法国高铁的车站一般建于城市中心，出发前 10 h 上车即可，因此让乘客感到出行比乘坐飞机更加便捷。从巴黎出发，只需要 3 h 就可以到达西南地区的马赛，2 h 就可以到达东南部的里昂。截止到 2013 年，已经有超过 20 亿人次搭乘过法国高铁，接近地球人口数量的 1/3，每年的乘客人次不少于 1.25 亿人。

（二）运输组织特点

1. 新旧线兼容

为了扩大高速列车的服务范围以吸引客流，法国 TGV 高速列车不但在高速铁路新线上运行，还运行在既有线上，包括经过改造、允许速度达到和超过 200 km/h 以及未经过改造、允许速度低于 200 km/h 的既有线。新线加上这些既有线统称 TGV 线路，总长约 7 000 km，TGV 运输运量占法国国营铁路总运量的 63% 之多。TGV 东南线自 1981 年投入商业运营以来，运量增长了 90%。这种模式适用于与普通线路相衔接的高速客运专线。

2. "纯高速"模式

在高速线上只运行 TGV 高速列车，这种模式适用于新建的客运专线。

（三）运营组织特点

1. 灵活的票价制度

在出发前提早 90 天开始售票，订票越早，价格相对越便宜；将一周的 7 天时间分为 "白色时段" 和 "蓝色时段"，除星期一上午、星期五和星期天下午是白色时段，其他时间有 30% 或以上的折扣；在官网上进行季度性促销，这些优惠票通常只在网站上销售；另外，常年给 25 周岁及以下的年轻人提供青年卡，给 65 岁以上的老年人提供老年卡，给 5 个人及以上的家庭出行提供家庭卡，在非高峰时段几乎可以享受票价一半的优惠，经常出差的上班族则可购买月票式的公务卡。

2. 推出廉价高铁

法国国营铁路公司投入新型的 4 组双层列车，适当提高车厢的载客量，从 1 000 个座位提升到 1 268 个，取消餐车区，并不再区分座位等级。每个人仅限携带一件行李放于座位底下，超出部分需另外付款。购票只能在网上完成，售出后不退不换。廉价高铁不从巴黎的主要火车站发出，而从靠近迪士尼乐园的近郊火车站发出，既不干扰现有火车运行网络，也能缩短行车时间。每年有不少于 100 万乘客可以享受到 25 欧元以下的票价，其中 40 万张的价格为 10 欧元，由成人陪伴的 12 岁以下儿童票价仅为 5 欧元，相比传统高铁大概 100 欧元的票价，廉价高铁仅为它的 1/10 ~ 1/4。

三、德国高速铁路

（一）德国高速铁路的发展历史

德国高速铁路称为 ICE，即"城际高速铁路"，是连接城市，解决人员、货物运输的交通工具，它将德国国内 130 多个大小城市连为一体，对人员和信息的往来与交流，以及经济建设发挥了极其重要的作用。

目前，高速铁路有磁悬浮技术和传统的轮轨技术。以前德国政府一直比较重视相对先进的磁悬浮技术，但由于磁悬浮铁路造价昂贵，并与现有铁路无法接轨，因此德国政府一直没把依靠磁悬浮技术的高铁投入到商业运营中。使用传统轮轨技术的 ICE-V 列车也一直处于试验阶段，直到 1981 年法国的 TGV 列车用事实证明了高速火车在商业上的成功，德国才开始准备把这种列车投入到高速列车的研究和运营中。

1991 年，首个 ICE 列车正式运营，开通了两条线路，一条是从汉诺威直达巴伐利亚州的重镇维尔茨堡的铁路线，全长 327 km，另一条是曼海姆至斯图加特，全长 99 km。之后，德国高速铁路迅速发展，分别在 1998 年、2002 年、2006 年和 2007 年开通了 4 条高速铁路线。德国新建和改建的高速铁路线总长至少已达 1 560 km。德国铁路公司声称，自 1991 年投入运营以来，高速铁路的运营里程已经相当于从地球到太阳往返了 3 次。

虽然德国在全面掌握高速铁路技术方面比日、法两国要晚，但是其独特的技术已经能与日法两国相媲美。

（二）运输组织特点

1. 新旧线混用

德国铁路的高速网是由改造的旧线（最高速度 200 km/h）和新建高速线（最高速度 250～300 km/h）混合组成的。德国既有铁路的线路质量一般较高，允许运营 160～200 km/h 城间快速 IC 列车。在这种国情下，德国发展高速铁路时，不会脱离原有铁路网的基础，不会不重视原有城市间的基本客流，也不会放弃大量的货运市场。

2. 客货混运

德国高速铁路的建设还特别强调扩大货物运输能力，改善运输质量和消除运输瓶颈地段，所以采用客货混运的运输方式，在高速线路上既要运行 ICE 列车，也要运行货物列车，还要开行地区和短途客运列车。所以这些高速线路运输任务很繁忙，甚至过负荷。德国高速铁路运营经验表明，客货列车混运时货物列车（轴重 22.5t）对线路加重破坏的现象不明显，对其维修量的增加也不显著。但从运营的角度来说，在同一时间段里客货混运不好，因速度相差大，影响高速铁路的能力发挥，所以一般采用客货列车分时运行，昼间运行客车，夜间运行货车。

3. 固定模式运行

德国的 ICE 动车组在 6：00—24：00 实行节拍运输，即按固定相等的运行间隔开行。在每条线上白天每方向约开行 15 列列车。这些动车组实行以前大多是 1 h，目前根据运量需要有的区段出现了 30 min 的节拍运输，在一些运量小的区段采用 2 h 间隔的节拍运输。这种运输方式，对大多数旅客来说全天能提供均衡而最佳的列车。节拍时间容易记忆，便于旅客对车次的选择。

（三）运营组织特点

1. 灵活的票价政策

德国铁路的客运票价由客运公司营销部门负责，根据列车等级制定不同的客票价格，其中 ICE 列车的票价远高于其他列车。在客票的价格政策上采用了灵活机制，以市场需求为导向。其票价制度的特点是：以旅客需求为出发点，根据不同的旅客群、不同的时间和地点对同一产品采取不同的销售价格。德国铁路的客票定价系统具有以下特点：

（1）运价率。运价率实行递远递减，旅行距离越长，单位距离票价越低。

（2）车票优惠。对旅行距离在 100 km 以上的旅客，按提前购票天数执行限额销售优惠价客票；对同时旅行但是同行人数不同的乘客分别给予不同程度的优惠票价。

（3）免费乘车。对与成人同行的 14 岁以下儿童实行免费，短途旅客下车后可凭火车票任意免费搭乘市郊的轻轨、公共汽车等交通工具。

2. 完善的营销机制

在客运营销方面，德国铁路公司更关注客票的多样化，以适合各种消费人群。为了适应激烈的竞争，德国铁路公司不断推出新的客票种类，如特价票、通票、年票、团体票等。

3. 多方位的营销渠道

德国铁路在全国分为 4 个售票管理中心，33 个分处管辖 720 个车站售票点，有 4 300 名售票员，站售票只设在大站。每年人工售票大约 27 亿欧元。近年来的发展趋势是尽量减少人工售票，以减少人工费用支出。另外，德国铁路公司的客票营销组织按旅客不同的需求建成不同营销渠道方案，除了车站人工售票以外，还提供有 7 种主要的营销渠道：旅行中心、自动售票机、获得德国铁路公司许可证的旅行社、互联网系统、车上售票系统、订票中心和呼叫中心。

第二节　高速铁路的技术经济特征

高速铁路是基于传统的轮轨交通工具的基础之上，广泛运用现代高新技术发展起来的产物。其技术充分发挥了既先进又实用的特点，虽源于传统铁路，但借助于多项高新技术，已形成一种能与既有路网兼容的新型交通系统，是当代科学技术进步与经济发展的象征。

高速铁路是高新技术在铁路上的集中反映，它使交通运输结构发生了新的重大变化，是当代经济、社会、科技、交通发展的必然产物，是世界"交通革命"的一个重要标志。高速铁路与公路、航空等运输方式相比，具有输送能力大，安全可靠，在一定旅行距离内可节省时间，旅行舒适度高，较少受气候变化的影响，又节省石油和土地资源，保护生态环境，摆脱交通堵塞等优势。是解决大通道上大量旅客快速输送问题的最有效途径，已成为世界铁路的普遍发展趋势。高速铁路具有一系列技术经济优势，主要表现在以下几个方面：

1. 速度快

速度是高速铁路技术水平的最主要标志，各国都在不断提高列车的运营速度。法国继1990年5月创造的试验速度515.3 km/h的世界纪录后，其地中海新干线建成并构成了由加来至马赛全长1 067.2 km的高速线路；2001年5月26日，法国组织了不停车高速运行1 000 km以上的试验，前1 000 km只用了3h9min，平均运行速度达到317.46 km/h（全程历时约3.5 h，平均运行速度305 km/h），最高运行速度达到了366.6 km/h。法国、日本、德国、西班牙和意大利高速列车的最高运营时速分别达到了350 km、300 km、280 km、270 km和250 km。除最高运营速度外，旅客更关心的是旅行速度，因为旅行速度直接决定了旅客全程的旅行时间，高速列车可以大大缩短全程旅行时间。运营速度为250~300 km/h的高速铁路，与公路（100 km/h）、航空（700 km/h）的旅行时间相比，分别在运距250~600 km和200~800 km的范围内具有明显优势。如果考虑到高速列车的安全、方便、舒适、票价等优点，其"优势运距"还可延伸。

2. 安全性好

高速铁路必须保证行车的高度安全，否则，一旦出事故都将是毁灭性的。各国高速铁路除采用了一系列的现代化的先进技术设备构成的安全监控系统外，在运输组织中对涉及行车安全的各个环节还必须有一套十分严密的管理制度，有关运输设备与设施必须科学地进行养护与维修，与行车有关的操作人员都必须事先进行岗位培训，持证上岗。先进的技术设备及其安全保障系统只能起到防止事故的作用，而严密的管理才能减少和消灭事故。

高速铁路在国外已有45年安全运营的实践，除德国1998年6月3日发生翻车事故（死亡101人）、日本2004年10月23日在新潟地震中首次发生运行中的新干线列车脱轨的严重事故（无人员死亡）、西班牙2013年7月24日在加利西亚省圣地亚哥附近发生的列车脱轨事故（死亡80人）外，目前尚未发生其他乘客伤亡事故。我国2011年7月23日甬温事故中死亡40人。相比之下，高速铁路可称得上是当今世界上最安全的现代高速交通运输方式。

3. 列车运行准点率高

正点率是高速铁路系统设备可靠性和运输组织水平的综合反映，也是运输服务质量的核心。只有列车始发、运行和终到正点，旅客才能有效安排自己的时间，所以旅客十分看重正点率。各国都十分重视高速列车的正点率问题，并以此作为与其他交通运输方式竞争的重要手段。西班牙规定高速列车晚点超过5 min要退还旅客的全额车票费；日本规定到发超过1 min就算晚点，晚点超过2 h就要退还旅客的加快费。在列车正点率方面对旅客有所承诺，不但在市场竞争中赢得了旅客，同时也强化了自身的管理工作。西班牙高速铁路自投入运营以来，列车正点率高达99.6%以上，很少发生过赔付事件（退款只占总收入的0.2%）。日本东海道新干线列车平均误点时间只有0.3 min。

4. 输送能力大

列车间的间隔越小，运行密度越大，为旅客提供的服务频率越高，旅客等待乘车的时间就越短，就能吸引更多的客流。列车密度主要决定于最小行车间隔时间，客运专线（高速铁路）最小行车间隔时间技术设备可以达到 3 min。以日本东海岛新干线为例：日本东海道新干线高峰期发车间隔为 3.5 min，平均每小时发车达 11 列，在东京与新大阪间的 2.5 h 的运行路程中，开行"希望"号 1 列、只停大站的"光"号 7 列以及各站都停的"回声"号 3 列，每列车可载客 1 200～1 300 人，年均输送旅客达 1.2 亿人次。相比较而言，4 车道高速公路年均单向输送能力为 8 760 万人；目前最大的飞机可乘坐 300～400 人/架，两地飞行按单向每天 20 架计算，每天单向输送旅客仅 7 000～8 000 人。

5. 能耗低

能耗高低是评价交通运输方式优劣的重要经济技术指标之一。根据有关方面的统计，各种交通运输工具平均每人千米的能耗：飞机 2 998.8 J，大轿车 583.8 J，小轿车 3 309.6 J，普通铁路 403.2 J，高速铁路 571.2 J。如果以普通铁路每人千米的能耗为 1.0，则高速铁路为 1.42，大轿车为 1.45，小汽车为 8.2，飞机为 7.44。汽车、飞机均使用的是不可再生的一次能源——汽油或柴油（现代新型节能汽车尚未批量投入运用），而高速铁路使用的是二次能源——电力。随着水电、太阳能、风能和核电等新型能源的发展，高速铁路在能源消耗方面的优势还将更加突出。这也是在当今石油等能源紧张的情况下，世界各国选择发展高速铁路的重要原因之一。

6. 环境污染小

当今，环境保护是关系人类生存的全球性紧迫问题，交通运输与生态环境密切相关。交通运输对环境的污染主要是废气和噪声。据统计，在旅客运输中，各种交通运输工具一氧化碳等有害物质的换算排放量，公路为 0.902 kg/（人·km），铁路为 0.109 kg/（人·km），客机为 635 kg/h（另还有二氧化碳 46.8 kg/h，三氧化硫 15 kg/h），这些有害物质在大气中一般要停留 2 年以上，是当今造成大面积酸雨，植被生态遭到破坏和建筑物遭受侵蚀的主要原因。由于高速铁路实现了电气化，使铁路基本消除了粉尘、油烟和其他废气污染。另外，在噪声污染方面，日本曾经的航空运输每千人千米产生的噪声为 1，大轿车为 0.2，而高速铁路仅为 0.1。从以上数据看，在现代交通运输中，航空和汽车运输造成的环境污染越来越大。而长期生活在噪声环境中，会使人的听觉器官受到损害，甚至耳聋。因此，法、日等国都在高速铁路两侧修建隔音墙来降低噪声。人们越来越认识到，为防止地球上臭氧层被破坏而造成的气候异常现象，应大力发展清洁能源的交通工具，减少飞机和汽车排放的废气，加大城市轨道交通和高速铁路发展的力度。

7. 服务质量高

高质量服务必须要有完善的客运服务系统作保证。客运服务系统是指直接面向旅客，为其在旅行过程中提供方便、周到的服务而设置的设施及系统。高速旅客列车不仅设施先进，运行平稳，而且火车上有飞机和汽车无法比拟的个人活动空间，甚至可以提供会议、娱乐、观光等条件。

第三节　我国高速铁路发展规划

2004年1月，国务院通过了《中长期铁路网规划》，确定了"扩大规模、完善结构、提高质量、快速扩充运输能力、迅速提高装备水平"的铁路网发展目标。为了进一步适应国民经济发展的需要，于2008年对铁路网规划进行了调整，《中长期铁路网规划（2008年调整）》规划到2020年，全国铁路营业里程达到12万km以上，复线率和电气化率分别达到50%和60%以上，主要繁忙干线实现客货分线，基本形成布局合理、结构清晰、功能完善、衔接顺畅的铁路网络，运输能力满足国民经济和社会发展需要，主要技术装备达到或接近国际先进水平。

为满足快速增长的旅客运输需求，建立省会城市及大中城市间的快速客运通道，规划"四纵四横"等客运专线以及经济发达和人口稠密地区城际客运系统，建设客运专线1.6万km以上，进一步延伸并扩大客运专线覆盖面，加强客运专线之间相互连通和衔接；进一步扩大城际客运系统的组团建设，加快长株潭、成渝、中原、武汉、关中、海峡西岸城镇群等经济发达和人口稠密地区的城际轨道交通建设步伐，并与既有线提速改造工程相衔接。未来我国将形成连接所有省会及50万人口以上的城市，覆盖全国90%以上人口，总里程达到5万km以上的快速客运网，这将大大缩短城市间时空距离，省会城市间总旅行时间节省50%以上。

一、"四纵"客运专线

1. 京沪高速铁路

京沪高速铁路纵贯京、津、冀、鲁、苏、皖、沪7省市，线路全长约1 320 km，设计速度为350 km/h。其中包括蚌埠—合肥、南京—杭州客运专线，贯通京津至长江三角洲东部沿海经济发达地区。

2. 北京—武汉—广州—深圳客运专线

北京—武汉—广州—深圳客运专线从北京起，基本沿京广铁路南行，设计速度为350 km/h，连接华北和华南地区。

3. 北京—沈阳—哈尔滨（大连）客运专线

北京—沈阳—哈尔滨（大连）客运专线，是北京连接东北三省的重要客运通道。京哈客运专线走向大体上与既有京哈铁路平行，全长约1 800 km，设计速度为350 km/h；其中包括锦州—营口客运专线，连接东北和关内地区。

4. 上海—杭州—宁波—福州—深圳客运专线

上海—杭州—宁波—福州—深圳客运专线是一条以客为主兼顾货运的客运专线，全长约1 660 km，兼具东南沿海地区的货运任务，连接长江、珠江三角洲和东南沿海地区。

二、"四横"客运专线

1. 徐州—郑州—兰州客运专线

徐州—郑州—兰州客运专线线路走向大体上与既有陇海铁路平行,全长约 1 400 km,是一条连接我国东部和西北地区的客运专线,连接西北和华东地区。

2. 杭州—南昌—长沙—贵阳—昆明客运专线

杭州—南昌—长沙—贵阳—昆明客运专线是一条横贯中国西中东部的客运专线,连接西南、华中和华东地区。

3. 青岛—石家庄—太原客运专线

青岛—石家庄—太原客运专线除开行客运列车外,还要担负一定量的货运功能,列车时速设计在 200 km 以上,连接华北和华东地区。

4. 南京—武汉—重庆—成都客运专线

宁汉蓉客运专线自南京、合肥、武汉、宜昌、重庆至成都,全长约 1 600 km,连接西南和华东地区。

同时,建设南昌—九江、柳州—南宁、绵阳—成都—乐山、哈尔滨—齐齐哈尔、哈尔滨—牡丹江、长春—吉林、沈阳—丹东等客运专线,扩大客运专线的覆盖面。

三、城际客运系统

在环渤海、长江三角洲、珠江三角洲、长株潭、成渝以及中原城市群、武汉城市圈、关中城镇群、海峡西岸城镇群等经济发达和人口稠密地区建设城际客运系统,覆盖区域内主要城镇。

四、中长期铁路网 2008 年调整规划

2008 年 11 月,《中长期铁路网规划(2008 年调整)》方案经国家批准后颁布实施,客运专线建设方面,在维持原"四纵四横"基础骨架不变的基础上,将增加一批客运专线建设项目,城际客运系统将由环渤海、长三角、珠三角地区扩展到其他经济发达和人口稠密地区。

规划中客运专线建设的主要内容为:

(1)在"四纵""四横"客运专线的基础上建设南昌—九江、柳州—南宁、绵阳—成都—乐山、哈尔滨—齐齐哈尔、哈尔滨—牡丹江、长春—吉林、沈阳—丹东等客运专线,扩大客运专线的覆盖面。

(2)建设多个城际客运系统,由环渤海、长江三角洲、珠江三角洲地区 3 个城际客运系统扩展到长株潭、成渝以及中原城市群、武汉城市圈、关中城镇群、海峡西岸城镇群等经济发

达和人口稠密地区，覆盖沿线各中心城市和主要城镇，实现小编组、高密度公交化运输。以"四纵四横"为重点，规划中的客运专线大部分项目已经陆续开工建设，有的即将竣工开通运营。

客运专线网的建成，将奠定我国现代化进程中最核心、最根本的基础，促进三大经济圈为主体，其他城市群为节点的经济联系和区域交流。一方面，可以实现我国铁路主要通道的客货分线，困扰多年的繁忙干线运输能力紧张问题将从根本上得到解决；另一方面，以此为主体，配合其他线路，我国铁路快速客运网将基本形成，可以大大缩短城市间的时空距离，给人们出行带来极大的便利。

复习思考题

1. 简述高速铁路的概念。
2. 简述日本、法国、德国高速铁路的运输组织和运营组织特点。
3. 高速铁路主要有哪些技术经济特征？
4. 简述我国高速铁路规划线路概况。

第二章 高速铁路线路

第一节 概　述

　　高速铁路线路是保证高速列车运行安全、平稳、快速的前提和基础。因此，高速铁路线路无论整体结构还是各组成部分都要严格符合高标准的要求，在线路的设计、施工和养护等方面提出新的挑战，从而保证线路各组成部分具有一定的稳定性与耐久性，使其在运营条件下保持良好状态。

　　高速铁路的平纵断面设计的标准要以提高线路的平顺性为主，尽可能地降低列车的横向和竖向加速度，减小列车各种振动叠加可能性，从而提高旅客乘车的舒适度，同时也要考虑到减小工程量、降低造价、便于施工、运营、维修等。

　　高速铁路路基、桥梁、轨道结构等重要基础设施设备的建设标准与技术要求比一般铁路高得多，除了具有足够的强度条件外，还要保证在高速行车的条件下，避免出现列车振动、轮轨力加大等破坏安全舒适运营的状况，这也要求路基、桥梁和轨道结构具有持久稳定的高平顺性。

　　高速铁路的隧道设计主要考虑列车高速通过隧道时，空气动力对列车的影响。由于高速铁路隧道较普通铁路隧道的横断面大，受力较复杂，因此对隧道衬砌的安全性、耐久性和防水性提出了很高的要求。

　　高速列车在运行时产生的振动和噪声对环境造成了新的污染，如何将这种危害降到最低也是高速铁路线路设计中应该考虑的问题。

　　总之，高速铁路线路是个系统工程，只有使任何一个组成部分都达到了良好的状态，才能保证高速列车安全、平稳、舒适地运行。

第二节 高速铁路线路的平面和纵断面

　　高速铁路线路的平、纵断面是否符合技术标准是影响行车速度、旅客乘车舒适度和运行安全的主要因素。线路平面技术标准主要包括圆曲线半径、缓和曲线、曲线外轨超高等；线路纵断面技术标准主要包括坡度值和竖曲线等。线路平、纵断面的技术参数值要尽可能保证高速列车行车的安全、平稳与高平顺性。

一、线路平面

和普通铁路一样,高速铁路线路平面由直线和曲线组成,其中曲线包括圆曲线和缓和曲线。线路上设置曲线可以很好地适应地形的变化,减少工程量。但是列车在运行时,曲线地段会增加轮轨的磨耗,影响列车速度及增加线路维修养护费用,半径越小,这种不利影响越突出。

1. 圆曲线半径

圆曲线半径的大小,反映了曲线弯曲度的大小。一般情况下,曲线半径越大,行车速度就可以越高,但工程费用越高,且线形也不易保持;圆曲线半径越小,弯曲度越大,但是具有比较容易适应地形困难的优点,对工程条件有利,但恶化了行车条件。因此,高速铁路平面设计时必须要限定最小曲线半径,即线路平面设计时允许选用的曲线半径最小值。最小曲线半径与铁路的运输模式、速度目标值、旅客乘坐舒适度和列车运行平稳度等有关。

为了获得最佳的技术和经济效果,应适当减小曲线半径。我国设计行车速度 300 km/h、350 km/h 的客运专线铁路最小曲线半径取值见表 2-1。最大曲线半径为 12 000 m。高速铁路车站应设在直线上。特殊困难条件下,可设在曲线上,但不得设在反向曲线上。车站必须设在曲线上时,其曲线半径不得小于该区段内的最小曲线半径。

表 2-1 铁路区间线路最小曲线半径

路段设计行车速度/(km/h)			最小曲线半径/m
200	客运专线	一般	2 200
		困难	2 000
250	有砟轨道	一般	3 500
		困难	3 000
	无砟轨道	一般	3 200
		困难	2 800
300	有砟轨道	一般	5 000
		困难	4 500
	无砟轨道	一般	5 000
		困难	4 000
350	有砟轨道	一般	7 000
		困难	6 000
	无砟轨道	一般	7 000
		困难	5 500

2. 缓和曲线线型和长度

缓和曲线线型要力求简单,便于铺设与养护,一般采用三次抛物线线型。

缓和曲线长度由车辆脱轨加速度、未被平衡横向离心加速度时变率和车体倾斜角速度确定,前者是从安全角度考虑,后两者是从旅客舒适度考虑。缓和曲线长度应保证曲线超高在缓和曲线范围内顺完。根据理论分析,为保证车轮在缓和曲线上不脱轨,缓和曲线上的超高顺坡率小于2‰即可保证安全。

3. 缓和曲线间的夹直线与圆曲线最小长度

缓和曲线间的夹直线和圆曲线的最小长度受列车的运行平稳性和旅客乘坐舒适度控制。当车体的转向架由具有渐变超高的缓和曲线进入直线或圆曲线时,由于惯性与动力作用会继续振动、摆动1.5~2个周期才能平稳运行。因此,为了防止列车在缓和曲线的始终点发生振动叠加,使列车平稳地通过该地段,缓和曲线间的夹直线与圆曲线的长度应使转向架运行1.5~2个周期,以便振动衰减后再进入下一个缓和曲线。

缓和曲线间的夹直线应尽量长些,这对运营是有利的。特别是列车通过反向曲线时,其曲线单位附加阻力比单曲线大,影响列车运行的稳定与安全,因此反向曲线间的夹直线应该长些。

参照国外高速铁路的规定,我国客运专线铁路考虑高舒适性,拟取夹直线与圆曲线最小长度一般为 $0.8v_{max}$ (m),困难条件下为 $0.6v_{max}$ (m)。

4. 曲线外轨超高

车辆在曲线上运行时,由于惯性作用,轮轨之间产生挤压,会产生离心力,这种离心力会将机车车辆推向外侧轨道,加大外侧钢轨的压力,不利于行车的稳定性和乘坐的舒适性。为了平衡所产生的离心力,必须把曲线的外侧钢轨加高,使内外侧钢轨之间产生一定的高差,称之为外轨超高。

高速铁路线路平面设计时,在确定最高设计速度和运营速度以后,还要确定影响舒适度的重要参数——实设超高与欠(过)超高。

高速铁路线路的实设外轨超高除了与列车平均速度有关外,还要考虑列车在曲线上停车时的安全、运行的稳定及旅客乘车舒适度等要求,一般采用实设最大超高允许值。我国高速铁路考虑到满足不同条件的轨道结构,在《新建时速300~350公里客运专线铁路设计暂行规定》中最大超高采用170 mm。

在设计线路时,实设外轨超高是一个定值。当列车运营速度高于线路设计速度时,由于外轨超高不足(欠超高),会产生未被平衡的离心加速度;当列车运营速度低于线路设计速度时,外轨超高度过大(过超高),又会产生多余的向心加速度。同时,欠超高和过超高都会使钢轨承受走行列车的偏压,使内外轨因过大偏载而引起严重的不均等磨耗,对行车安全、轨道稳定及旅客乘车舒适度均会产生不利的影响。因此,为保证高速铁路线路所要求的高平顺性和高舒适度,必须对未被平衡的超高加以限制。由于速度越高允许的欠超高值应越小,因此减少欠超高值已作为高速铁路平面曲线设计的一个原则。

在我国既有客货混运干线上,由于货物列车的通过总重大于旅客列车,对曲线钢轨的磨耗及对线路的破坏作用较大,一般认为最大过超高通常远小于最大欠超高。但考虑到客运专线运营模式以高速为主,重点在保证高速列车的旅客舒适度,因此取过超高与欠超高的允许值一致。我国客运专线采用的欠、过超高允许值见表2-2。

表 2-2 我国客运专线欠、过超高最大允许值

舒适度条件	良好	较好	一般	较差
欠超高最大允许值 $[H_q]$/mm	40	60	70	100
过超高最大允许值 $[H_c]$/mm	40	60	70	100

5. 线间距

线间距是指相邻两股道中心线之间的最短距离。高速铁路线间距标准，主要受列车交会运行时气动力作用控制。

在高速双线铁路上，当两列车相遇时，最初的风压力使列车相互排斥，到接近列车尾部时变为相互吸引，产生会车压力。国内外试验研究表明，这个会车压力的最大值与列车的最大运行速度 v_{max}、列车外形及其尺寸、交会车列车侧壁间净距等因素有关。一般来说，压力波大小与邻线来车的速度平方成正比，与列车的侧壁间净距成反比，与列车外形（列车头部的流线程度、列车车宽、列车长度和车体流线型程度）密切相关，其中列车头部的流线程度影响最为显著。因此，为避免强大风压造成损害，许多国家根据其具体情况选择了适当的线路间距。

另外，线间距的选定是一个比较灵活的问题，需要结合具体的国情、路情予以合理的解决。如日本的交会列车侧壁间净距取值最窄，允许的会车压力波最大，但对列车车辆的设计和制造要求最高，这对国土面积窄小的日本是十分重要的，同时也可以节省工程投资。德国和法国的列车侧壁间净距则较大，但是降低了机车相关设计要求，如机车车辆的气密性、门窗等设计要求，但导致土建方面的投资要相应增加。

我国铁路客运专线上不仅运行时速 300～350 km 的高速列车，同时还运行一定数量的跨线旅客列车。因此，在研究线间距标准时，要考虑到这些车辆承受空气压力波的能力。在研究了相关的标准规范，同时考虑我国车辆的制造水平和工程投资等因素后，我国客运专线线间距为：设计速度 250 km/h 的客运专线采用 4.6 m，设计速度 300 km/h 的客运专线采用 4.8 m，设计速度 350 km/h 的客运专线采用 5.0 m。

二、线路纵断面

和普通线路一样，高速铁路纵断面由平道、坡道及设于变坡点处的竖曲线组成。

1. 坡道的坡度

线路坡度的大小主要取决于机车的牵引功率、牵引特性和制动特性。其对所设计线路的运营和工程影响都很大。在运营方面，坡道坡度的增大会引起牵引重量减少和列车速度降低；而在工程方面，可以适应地形，减少建设线路的工程量，降低造价。与普速铁路相比，由于高速铁路动车组具有功率高、速度快的特点，运营时可以为机车爬坡提供强劲的动能。因此，在设计中允许采用较大的坡度值，使选线更加灵活，增加高速铁路对地形的适应性，缩短线路的长度，减少投资，增强高速铁路的竞争能力。我国规定高速铁路区间正线的最大坡度不宜大于 20‰，困难条件下经技术经济比较后不应大于 30‰。动车组走行线的最大坡度不宜大于

30‰，困难条件下不应大于 35‰。当动车组走行线的最大坡度大于 30‰时，宜铺设无砟轨道。

2. 竖曲线

铁路线路纵断面，相邻两坡段坡度变化的点称为变坡点。列车经过变坡点时会产生附加应力和附加加速度，其值与坡度代数差成正比。因此，在设计线路纵断面时，应尽量减少相邻坡段坡度的代数差，不得超过允许的最大值。如果超过，为了保证列车行车的安全平顺，应在相邻两坡段处用竖曲线来连接。

高速铁路线路的相邻坡度差大于或等于 1‰，应设置圆曲线形竖曲线。竖曲线一般采用圆曲线线形。竖曲线半径的大小，除应保证列车经过变坡点时车钩不脱钩、车轮不脱轨外，还应考虑在竖曲线上产生竖向离心加速度和离心力对旅客舒适度的影响。通过理论分析认为，在一定机车车辆构造等条件下，竖曲线半径与行车速度有关，行车速度越高，竖曲线半径也应越大。我国《高速铁路设计规范》中规定，最小竖曲线半径按所处区段远期设计速度取值（见表 2-3），考虑养修问题，规定最大竖曲线半径不应大于 30 000 m。

表 2-3　最小竖曲线半径

设计行车速度/km·h^{-1}	350	300	250
最小竖曲线半径/m	25 000	25 000	20 000

3. 最小夹坡段长度

高速铁路线路纵断面的最小坡段长度除了满足两个竖曲线不重叠外，还要考虑两个竖曲线间有一定的夹坡段长度，保证列车在前一个竖曲线终点处产生的振动在夹坡度长度范围内衰减完毕，不至于在进入下一个竖曲线起点时产生叠加，保证高速铁路的运行舒适性。最小坡段除了要满足列车平稳运行的要求，还要兼顾工程投资，因为较短的坡段能够很好地适应地形，减少工程投资。因此，最小坡段长度的确定要使两者做到最佳统一。法国曾有此规定：夹坡段长度不小于 $0.4v_{max}$（m）。由于我国这方面的经验较少，客运专线铁路暂定参考法国标准，最小夹坡段长度为不小于 $0.4v_{max}$（m）。

第三节　高速铁路轨道

和普通线路的轨道一样，高速铁路轨道也是由钢轨、轨枕、道床、扣件、道岔等部分组成。轨道直接承受来自列车的荷载，其任何一个组成部分的结构、性能、强度发生变化，都会对高速列车的正常运行产生不利影响。因此，要求高速铁路轨道在部件性能、强度、技术水平和养护维修等方面具有更高的标准，从而使线路具有更高的安全性、稳定性和平顺性。

一、轨道类型

高速铁路轨道结构大体可分为有砟轨道和无砟轨道两种类型。两种轨道结构均可保证高速列车的安全运营，但在技术、经济等方面存在明显差异。

1. 有砟轨道

有砟轨道又称普通轨道，是一种以碎石道床、轨枕为基础的轨道形式，具有造价低、弹性好、建设周期短、更换与维修方便、吸噪特性好等优点，其在国内外已获得广泛应用。但是随着行车速度的提高，在运营过程中，其缺点也逐渐显现：易产生不均匀下沉，轨道结构破损加剧，破坏线路几何形状，使维修工作量加大，行车时空气动力作用会使道砟飞散，造成损伤。

高速铁路有砟轨道在结构上与普通的有砟轨道没有本质的区别，为了满足高速列车运行平稳与安全的需要，只是在部件的性能与维修标准上要求更高、更严。高速铁路有砟轨道结构要保证轨面的高平顺性和高稳定性，正向着重型化方向发展，对钢轨、轨枕、扣件、道砟的材质和道床断面尺寸等方面的要求要比普通的有砟轨道严格得多。如为减小枕下作用荷载和增加轨道横向阻力，而增大轨枕底部与道床表面接触面积，出现了重型轨枕和宽轨枕结构形式；为提高轨道的弹性，在轨下、枕下和道砟下应用弹性垫层等。

2. 无砟轨道

无砟轨道是以混凝土或沥青混合料为基础的新型轨道形式。相对于有砟轨道，无砟轨道结构具有以下的优点：线路平顺性高、钢轨支点支承均匀性好；从根本上消除了道床的累积变形，减少了维修工作量和维修装备，延长了维修周期，节省了维修费用；耐久性好，服务期长（设计使用寿命 60 年）；提供更高、更稳定的线路纵、横向阻力，保证无缝线路在恶劣气候、紧急制动条件下的稳定性；避免了高速铁路特级道砟资源的需求，道床整洁美观，避免了高速条件下的道砟飞溅问题；自重轻，可减轻桥梁二期恒载；结构高度低，可改善隧道通风条件。其缺点是初期工程投资费用高；轨道必须建于坚实、稳定的基础上，一旦下部基础残余变形超出扣件调整范围或导致轨道结构裂损，修复和整治难度大；轨道刚度较大，弹性较差；列车运行振动噪声较大。

无砟轨道因其稳定性好、维修工作量小以及使用寿命长、整体综合经济效益好等优点，得到了发展高速铁路国家和地区的积极推行，成为高速铁路轨道结构的发展方向。40 多年来，国外有近 30 多种无砟轨道形式得以铺设和应用，大部分国家将无砟轨道铺设在隧道和桥梁上，部分国家铺设在路基上。从一些高速铁路国家的综合运营经验来看，轨下基础的稳定是铺设无砟轨道的基本条件，设计时速 300 km 及以上的高速铁路采用无砟轨道结构较有砟轨道结构更具优越性。我国在客运专线的建设中积极推广和研究开发无砟轨道，根据无砟轨道结构的特点和线下基础的设计要求，在桥梁、隧道和路基稳定的地段采用无砟轨道。

二、钢　轨

钢轨是轨道的重要组成部分，它直接承受机车车辆的压力并将其传递到轨下基础，同时引导机车车辆的运行方向。

高速铁路一般要求钢轨具有较高的强度、韧性、耐磨性、平顺性和稳定性。较高的强度可以保证在机车车辆荷载的作用下，不会发生伤损和破坏；良好的韧性，能够使钢轨适应较高的动力作用；较好的耐磨性，能延长钢轨的疲劳寿命，减少养护维修工作量；钢轨轮轨踏面的平顺性要比普速铁路高得多，从而减少轮轨之间运行时产生的阻力，以提高列车运行速度；为保证高速铁路的高平顺性，线路的下部基础和轨道结构各部件都要为钢轨的正常工作提供良好的条件。

对钢轨本身的质量要求主要体现在钢轨内部质量的纯净度和外部尺寸的精确度。内部质量要求钢质纯净度高；外部尺寸的精确度要求钢轨的几何尺寸精度和外形的平直度符合要求。

高速铁路钢轨的断面应考虑钢轨的强度、稳定性、耐磨性和轮轨之间关系，将轨重合理分配在轨头、轨腰和轨底。为使钢轨具有足够的强度，可适当增加钢轨的高度，以保证钢轨具有较大的水平惯性矩。同时，为使钢轨具有足够的稳定性，钢轨轨底应尽可能宽一些，高速铁路通常将钢轨断面轨高与轨底宽之比控制在 1.14~1.20。

从钢轨单位质量看，各国普遍的经验是：在大轴重、大运量的重载线路上应采用 60~75 kg/m 钢轨；在列车速度小于 160 km/h 的普通客运线路上采用 50~60 kg/m 钢轨；在列车运行速度超过 160 km/h 的线路上应采用 60~65 kg/m 钢轨。

三、轨　枕

轨枕是轨道结构的重要部件，它承受来自钢轨的各种作用力，并弹性地将作用力传布于道床，同时有效地保持轨道的轨距、方向和位置。世界高速铁路有砟轨道正线全部采用混凝土枕。我国既有铁路干线绝大部分铺设了混凝土枕，高速铁路则要求全部采用混凝土枕。混凝土枕的主要优点是：纵横向阻力大，能提供足够的稳定性，可以满足高速铁路的要求；轨枕承载能力可以根据不同的高速运行条件进行设计，使之满足长期使用的耐久性要求；由于高速运行的平顺性、舒适性要求，高速铁路必然铺设无缝线路，理论计算和经验都表明，混凝土枕及其钢轨扣件的性能完全能够满足无缝线路的需要；寿命长和维修工作量小等。

尽管在高速铁路的发展中无砟轨道所占比例越来越大，许多国家已成为轨道结构的首选，有砟轨道仍然是高速铁路轨道结构的主要形式之一，混凝土枕的性能和质量仍然是我们关注的重点。

高速铁路混凝土枕类型大部分为整体式，如德国、意大利、西班牙和日本等国的各类轨枕。法国有砟轨道传统的轨枕结构形式是双块式，在高速铁路中仍然采用双块式轨枕，但在有砟桥上因设置护轮轨的需要，采用了整体式轨枕。高速铁路已有近 50 年的历史，根据这些国家的经验，整体式轨枕和双块式轨枕都可满足高速运行的技术要求。

为了适应高速铁路轨道承载和线路养护维修的技术要求，一般都采用强化型的轨枕结构，即比既有线的轨枕更为优化，包括增加预应力配筋和截面高度来提高关键截面的承载强度，增大截面尺寸和轨枕长度等优化外形的设计来提高轨道的纵、横向稳定性。但是，基于各国发展、应用混凝土枕的历史条件不尽一致，高速列车的形式和性能、高速线路和轨道的设计标准、轨道铺设和养护维修技术条件各有差异。其结构形式和承载水平有基本相同的趋势，又有各自不同的特点。其中，轨枕承轨槽部分的结构形式主要取决于所采用的扣件结构及其与轨枕的联结方式，由此出现了有挡肩与无挡肩、有螺栓联结与无螺栓联结，以及预留孔、预埋铁件等不同的结构设计。高速铁路上的各类轨枕都必须满足相应的承载要求：在高速客运专线、高中速客运混跑或客货混跑等不同运营条件下长期使用的耐久性，同时，轨道框架要有足够的纵、横向稳定性，确保运行的安全性和养护维修的合理性。

我国铁路使用的整体式混凝土枕，基本分为Ⅰ、Ⅱ、Ⅲ型。Ⅰ和Ⅱ型都是 2 500 mm，不能满足技术要求，在高速线路上表现为承载能力明显不足。因此，我国客运专线线路上采用了长度为 2 600 mm 的Ⅲ型混凝土枕，每千米铺设 1 667 根。

四、道　床

道床通常指的是铁路轨枕下面，路基面上铺设的石砟垫层，是轨道或轨道框架的基础。其作用是支撑轨枕，把轨枕上部的巨大压力均匀地传递给路基面，并固定轨枕的位置，阻止轨枕纵向或横向移动，大大减少路基变形的同时还缓和了机车车辆轮对对钢轨的冲击，便于排水。

高速铁路有砟轨道对道砟材质的要求十分严格，要求其质地坚韧，具有良好的抗磨、抗冲击、抗压碎性，同时对道砟颗粒的形状和清洁度也有较高的标准。高速铁路道床的失效主要是振动造成的道砟磨损和粉化，减小宽级配道砟中的小颗粉成分，有利于延缓道床中粉末的积聚，延长道床的使用寿命，减少养护维修工作量。因此，法国、德国和西班牙等国采用欧洲标准中的 A 级级配（窄级配），我国客运专线则采用特级道砟。

同时，为了保证路基坚固稳定，不致发生翻浆冒泥，因而对砟下垫层的选择也比较严格，即不仅要求所用的碎石应是有一定破碎指数的硬砾石，且其压实度也要达到规定标准，因为轨道的弹性是非常重要的。采用碎石作为道床材料是因为它具有较好的弹性与渗水性。一般要求道砟颗粒尽量大小均匀（粒度为 25～55 mm），以保证排水通畅。

高速铁路线路的道床应有足够的厚度，以减少路基面所受的压力和振动，保证路基顶面不发生永久性变形。因此，许多国家高速铁路采用双层道床：枕下道砟厚度为 35 cm，垫层道砟厚度为 20 cm。为了使道床的水能够迅速下渗，防止翻浆，在垫层底部要加设用塑料和沥青等材料制作的各种形式的封闭层。

为增加轨道弹性，减小列车的冲击，隔离振动，降低噪声，在高速铁路桥上也铺设有砟道床，但是桥上有砟轨道道床经常出现道砟粉化严重，导致道床脏污、弹性失效，影响排水性能等现象，在列车速度达到 200 km/h 以上时，桥上有砟轨道道砟会出现趋于液体流动的现象，道砟的液化会导致轨道不稳定和严重变形，威胁高速行车的安全。根据国内外的经验，我国高速铁路桥上道床厚度采用 35 cm，同时，为了防止道砟粉化，采用道砟下铺设砟下胶垫或采用弹性轨枕等措施。

五、扣　件

高速铁路有砟轨道用扣件将钢轨与轨枕联结起来形成轨排，用以抵抗列车运行时产生的荷载。这就要求扣件具有足够的扣压力、较大的弹程及很强的保持轨距的能力，还应具备结构简单、维修少、使用寿命长和良好的减振降噪等性能。

无砟轨道上采用耐久性混凝土和沥青材料代替道砟材料以后,轨道弹性和调整轨道几何形态的功能必须由扣件完成,因此,应用在无砟轨道上的扣件则需要强调扣件弹性的合理、稳定和均衡,具有足够的调高能力和绝缘电阻,同时也要考虑无砟轨道施工的方便性。

根据高速铁路不同的轨道结构对扣件的要求,扣件的应用类型可以分为:有砟轨道采用的无螺栓弹条扣件、有螺栓弹条扣件、无砟轨道采用的扣件、桥上有砟轨道采用的小阻力扣件和隧道内无砟轨道采用的小阻力扣件几种。

我国为适应高速铁路的发展需要,对扣件类型进行了实验研究,研制出了弹条Ⅲ型扣件如图2-1所示,经过反复的性能试验和试铺,作为我国高速铁路有砟轨道的建议使用扣件。弹条Ⅲ型扣件是无螺栓无挡肩扣件,由弹条、预埋铁座、绝缘轨距块和橡胶垫板组成。Ⅲ型扣件具有压力大、弹性好等优点,特别是取消了混凝土枕挡肩,从而消除了轨底在横向作用下发生横移导致轨距扩大的可能性,因此保持轨距的能力很强。又由于取消了螺栓联结的方式,大大减小了扣件养护工作量,装卸简便,在性能上能够满足高速铁路的要求,非常适用于铁路高速化后的大型养路机械作业。

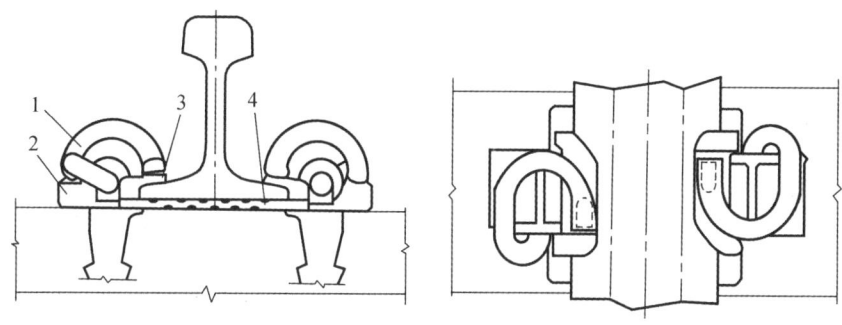

图 2-1 弹条Ⅲ型扣件

1—弹条;2—预埋铁座;3—绝缘轨距块;4—橡胶垫板

六、道　岔

道岔是使机车车辆从一股轨道进入另一股轨道的交叉设备,是轨道的重要组成部分。高速铁路道岔在功能和构造上和普通道岔没有太大的差别,但在安全性和舒适性方面要求更高。

高速铁路的发展有力地促进了道岔技术的进步。在欧洲高速铁路建设过程中,研制和铺设了各类大号码道岔,如法国的 64 号单开道岔,直向允许速度 260~300 km/h,侧向允许速度 220 km/h;日本的 60 kg/m 钢轨 18 号道岔,相应的直向和侧向允许速度为 250 km/h 及 70 km/h;德国 UIC60 轨 1:26.5 单开道岔,直向和侧向允许速度为 250 km/h 及 130 km/h。

我国铁路道岔经历了漫长的发展过程。1995 年以前既有线道岔受其结构的限制,允许通过速度均较低,一般不超过 80 km/h。从 1996 年开始,随着我国既有线的不断提速,我国设计了提速道岔系列。2001 年根据秦沈客运专线需要,我国又研制和试铺了秦沈 18 号、38 号大号码道岔,为高速道岔的设计积累了经验。近年来,为满足我国高速铁路及客运专线建设的需要,我国先后研发了客运专线18号、42号道岔,其中客运专线18号道岔已经得到应用,使用情况良好,标志着我国高速道岔研发水平达到了新的高度。

(一)高速铁路道岔的分类

目前,在高速铁路上使用的道岔仍以单开道岔为主。按高速通过道岔的股道方向还可分为直向高速道岔和大号码高速道岔两类。

1. 直向高速道岔

适用于直向高速行车的道岔。对于在改造客货混流的既有线以提高客车运行速度时,多半保留原有车站的平面布置以避免较大的工程改造量,道岔的长度和辙叉角没有较大的改动。为保证列车直向通过道岔的速度与区间线路一致,应从局部上改善道岔的几何形状、强化结构的强度、增强稳定性及延长使用寿命等。另外,此类道岔还针对进站道岔对侧向速度要求不高,正线通过时却要满足高速的行车要求。属于这一类的有我国客运专线的18号道岔,日本新干线的18号道岔,法国高速新线的20号道岔,德国高速新线的18.5号道岔,俄罗斯的18号和22号道岔,美国的28号道岔,意大利的18.2号道岔等。

2. 直向和侧向都允许高速度通过的大号码高速道岔

这类道岔应用于新建高速客运专线,满足高速列车侧向通过时对运行的安全性和舒适性的要求。应用于区间单渡线和高速联络线上的一般都是大号码道岔,侧向速度要求较高,更为世界各国广泛研制与应用。属于这一类的有我国客运专线的42号、50号道岔,法国高速新线的tg0.0218即46号和tg0.0154即65号道岔,日本新干线的38号道岔,德国高速新线的26.5号和42号道岔,英国的tg0.0145即69号道岔等。

(二)高速道岔的结构特征

综观国内外高速道岔结构,其特征主要如下:

1. 转辙器部分

高速道岔的基本轨通常采用与区间线路钢轨材质及断面相同的类型。尖轨采用矮形特种断面钢轨制造的藏尖式、曲线形、弹性可弯式跟端尖轨。为防止车轮轮缘冲击和扎伤尖轨尖端,使尖轨尖端埋藏在基本轨轨头侧面刨切部分,以便使尖轨轨头非工作边与基本轨工作边相密贴,如图2-2所示。为增大导曲线半径,道岔侧股设计为曲线形尖轨,曲线尖轨半径与导曲线半径相一致。

曲线尖轨有切线形和割线形之分。尖轨与基本轨的平面连接方式有普遍采用切线形曲线尖轨的趋势。日本、法国和德国高速道岔均为切线形。一般在尖轨顶宽2.5~5 mm处作斜切以减小其薄弱部分的长度。我国采用相离半切线形,俄罗斯采用割线形曲线尖轨。曲线尖轨尖端有冲击角和无冲击角之分。一般半切线形曲线尖轨尖端有冲击角,如我国的高速道岔,而切线形曲线尖轨尖端有的有冲击角,如法国的高速道岔,有的则无冲击角,如日本的高速道岔，冲击角的大小直接关系到逆岔侧向过岔速度。

图 2-2　藏尖式尖轨

曲线尖轨的长度一般都较长，短约 10 m，长则 40~50 m，它分为尖轨跟端部分、尖轨可弯部分及尖轨扳动部分的长度。为保证尖轨的转换可靠性及扳动到位，常设置多根转辙杆，如法国的 65 号道岔，尖轨长 57.5 m，采用 6 根转辙杆；日本的 38 号道岔，尖轨长 42.1 m，也采用 6 根转辙杆；德国的 26.5 号道岔，尖轨长 31.74 m，采用 4 根转辙杆；我国的 18 号道岔，尖轨长 21.45 m，设置了 3 根转辙杆。尖轨跟端经模压加工成与标准钢轨相同的断面，并用焊接方法使其与相邻的钢轨连接，同时用能纵向调节的弹性扣件牢固扣压，以提高转辙器的稳固性和可靠性。直股尖轨为直线形，尖轨尖端轨距不作任何加宽，有利于高速直向过岔。

2. 辙叉及护轨部分

高速道岔辙叉按结构形式又可分为固定型辙叉和可动型辙叉两种，我国提速道岔多采用可动心轨式辙叉，如图 2-3、2-4 所示。

图 2-3　固定辙叉

2-4　可动心轨辙叉

固定式辙叉，普遍采取加长翼轨缓冲段的长度，减小翼轨缓冲段的冲击角，改变翼轨在辙叉理论中心处的外形，从而减小辙叉咽喉宽度，防止车轮爬轨，提高过岔速度。

可动心轨式辙叉是由特种断面钢轨制成的，可消灭辙叉有害空间及减小翼轨冲击角，加大导曲线半径，它是保证道岔直向过岔速度与区间轨道高速运行速度相一致的有效技术措施。可动心轨辙叉长度一般为 10 m 左右，长则达到 15~20 m。是由可动心轨、翼轨和尾轨构成，为提高辙叉的耐磨性和整体性，多采用高锰钢铸造并经机加工制成。在构造上，心轨实际尖端较翼轨顶面低一些，心轨与翼轨轨头贴靠范围内，采用埋藏心轨尖端的轨头。

可动心轨辙叉一般不设护轨，但侧股也有设置的，一般采用 H 型护轨、防磨护轨或弹性护轨，增强护轨工作边横向强度。为防止辙叉磨耗，加长护轨缓冲段长度，以减小护轨冲击角。为更有效车轮导向，减少心轨磨耗，应使护轨稍高于基本轨。

3. 连接部分

高速铁路大号码道岔的导曲线平面形式，因转辙器多采用曲线形尖轨，故可将导曲线导轨和转辙器尖轨的曲率半径统一考虑。

道岔导曲线线形以圆曲线为主，也有采用复心曲线的，采用缓和曲线自然优越。一般 18 号道岔多用圆曲线形导曲线，日本的 38 号道岔导曲线为复心曲线，大号码道岔以采用缓和曲线导曲线为佳，如法国的 46 号、65 号道岔导曲线为单支三次抛物线形导曲线，半径最大处位于导曲线终点即曲线辙叉根端，而瑞士的 25 号道岔导曲线则为螺旋曲线形。我国提速道岔也采用单圆曲线形导曲线形式。

道岔应铺设在直线上，正线道岔不得与竖曲线重叠。车站正线及到发进路上的道岔宜采用可动心轨道岔，道岔轨型应与正线和到发线的轨型相同。

（三）高速道岔辙叉号数的选用

《铁路技术管理规程》（高速铁路部分）中规定，道岔的辙叉号数选择应符合下列规定：
（1）正线道岔的直向通过速度不应小于路段设计行车速度。
（2）正线与到发线连接应采用 18 号道岔。两正线间的渡线应按功能需要选用 18 号及以上道岔。
（3）始发或终到车站以及改、扩建车站，在特别困难条件下，可采用 12 号。
（4）正线与联络线连接的道岔辙叉号数应按联络线设计行车速度选用，并宜选用大号码道岔。

七、无砟轨道结构类型

无砟轨道因其具有平顺性好、稳定性高、使用寿命长、耐久性好、维修工作少、避免道砟飞溅等优点，得到了世界上发展高速铁路国家和地区的积极采用。

日本是目前世界上铺设无砟轨道最多的国家，其累计铺设里程达 2 700 多千米，其中新干线约 1 600 多千米。从 20 世纪 60 年代开始，日本铁路综合技术研究所集中进行理论和试验研究，为新干线不同线下基础上的无砟轨道提供了统一的、标准的轨道结构通用设计。针对其自然环境、地震频发、人工成本高、桥隧结构多的路情，确定采用施工费用低、施工速度快、可修复性强的单元板式无砟轨道结构。通过理论和试验研究，在维持结构型式不变的前提下，不断优化系统的各个组成部分，提高其技术经济性。无砟轨道已形成从隧道、桥梁地段到路基地段的普遍应用。

从 20 世纪 90 年代中期开始，我国开始对高速铁路无砟轨道技术进行了前期研究，进行了高速铁路无砟轨道结构型式、设计参数、动力学仿真计算分析、室内实尺模型试验等方面的研究，设计出了 CRTS Ⅰ 平板式、框架型板式、CRTS Ⅱ 型纵连板式轨道和 CRTS Ⅰ、CRTS Ⅱ 型双块式无砟轨道等多种类型。先后在赣龙线枫树排和渝怀线鱼嘴 2 号隧道内、秦沈线三座特大桥上进行了小规模试铺，如图 2-5、2-6 所示。

图 2-5　赣龙线隧道内无砟轨道　　　　图 2-6　秦沈线桥上无砟轨道

无砟轨道小范围试铺概况见表 2-4。

表 2-4　无砟轨道小范围试铺概况

	试铺段	无砟轨道结构型式	铺设长度/m	备注
秦沈线	沙河桥	长枕埋入式	692	直线，24 m 简支箱梁
	狗河桥	单元板式	741	直线，24 m 简支箱梁
	双何桥	单元板式	740	曲线，24 m 简支箱梁
赣龙线	枫树排隧道	单元板式	719	直线
渝怀线	鱼嘴 2 号隧道	长枕埋入式	710	曲线

我国客运专线无砟轨道的结构型式主要有预制板式和现浇混凝土式，如图 2-7 所示。与现浇混凝土式相比，预制板式无砟轨道结构的优点是预制件工厂化生产，质量易于控制；现浇混凝土量少，预制件现场组装，施工工效高，进度快；外形美观；特殊情况下轨道破损，线路可修复性较强。预制板式轨道也存在一些不足：制造、施工专业性强；轨道建设成本相对较大；涉及多种特殊工程材料（如水泥沥青砂浆、树脂、滑动层等）。提高特殊材料长期耐久性、提高制造和施工水平、最大限度地降低建设成本是预制板式无砟轨道系统今后努力的方向。

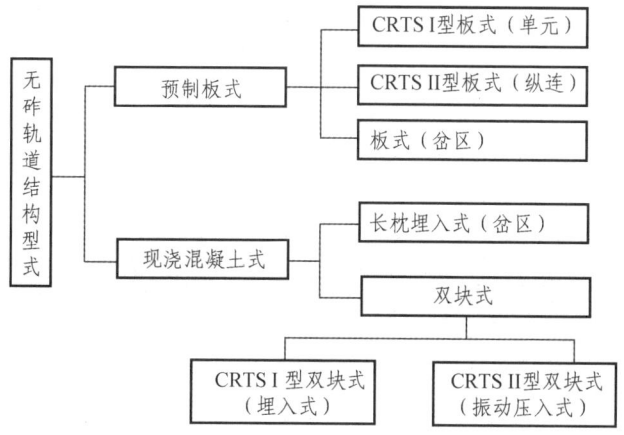

图 2-7　我国无砟轨道结构型式

1. 板式无砟轨道

板式轨道结构由轨道板、CA 砂浆（水泥沥青砂浆）和混凝土基础 3 大部分组成，如图 2-8 所示。板式轨道是将预制好的轨道板直接放置在混凝土底座上，通过轨道板与底座间填充沥青混凝土材料调整轨道板，确保铺设的精度。CA 砂浆作为调整层和弹性层放置在轨道板的下面。CA 砂浆下面是混凝土基础，作为板式轨道的底座。混凝土基础上设有凸形挡台，防止轨道板的移位，为防止轨道板与凸形挡台的相互挤压破损，在挡台与轨道板之间用树脂材料填充，板式无砟轨道以预制轨道板为核心。轨道板结构型式、抵抗纵横向作用力方式和高性能的调整层材料是板式无砟轨道的关键技术。

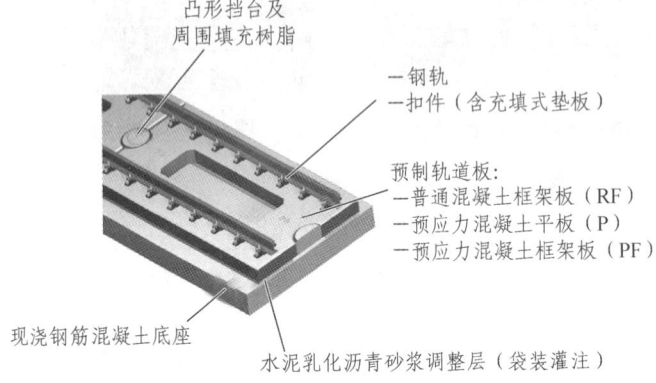

图 2-8　CRTS I 型板式无砟轨道

随着技术的发展，目前常用的主要有普通 A 型轨道板、框架型轨道板、用于特殊减振区上的防振 G 型轨道板、用于路基上的 RA 型轨道板。德国博格板式无砟轨道于 1977 年第一次上道铺设，至今在德国铁路上铺设了 71.301 km，其中在新建的纽伦堡—因戈斯塔特高速铁路上铺设了 70 km。博格板式无砟轨道结构类似于新干线板式无砟轨道结构，差异是抵抗纵横向作用力方式不同，前者采用板间螺杆联结或板下凹槽联结方式，后者采用凸形挡台联结方式。博格轨道板间采用螺杆联结，并将接缝用混凝土灌注，这样可增强结构的整体性。

2. 双块式无砟轨道

双块式无砟轨道主要由钢轨与扣件、钢筋混凝土支承块、橡胶靴套、枕（块）下橡胶垫板、混凝土道床板、隔离层和混凝土底座等组成，如图 2-9 所示。其中，钢筋混凝土支承块采

图 2-9　CRTS I 型双块式无砟轨道

用普通钢筋混凝土结构,橡胶靴套配合支承块使用,目的是缓冲列车荷载的横向冲击,枕(块)下橡胶垫板设置在橡胶靴套内。橡胶靴套和枕(块)下橡胶垫板为轨道结构提供了较大的弹性,有利于轨道的减振降噪。混凝土道床板由弹性支承块和填充混凝土组成,道床板截面按设计要求配筋,道床板表面设置排水坡。混凝土底座可与隧道或者桥面的预留钢筋相连,浇灌成统一的整体结构,还可用来设置曲线超高。

3. 长枕埋入式无砟轨道

长枕埋入式无砟轨道是将混凝土枕埋入现浇的钢筋混凝土的道床板上,使轨枕与道床板形成一个整体的轨道结构形式。

长枕埋入式无砟轨道由钢轨和扣件、穿孔混凝土枕、混凝土道床板、隔离层和混凝土底座组成(隧道内可不设混凝土底座),如图 2-10 所示。其中,穿孔混凝土枕上设有 5 个 $\phi 4 \text{ cm}$ 的预留孔穴,将轨枕用钢杆通过预留孔穴纵向联结起来,保证了轨枕与混凝土道床的牢固连接。由于结构内没有易受环境或温度影响的橡胶和乳化沥青等材料,因此结构的整体性和耐久性很好。由于道床板和底座均为就地灌注而成,对施工精度要求较严格,现场施工量较大,所以施工进度较慢,秦沈客运专线铺设的日进度仅为 30~50 m。

图 2-10 长枕埋入式无砟轨道

八、高速铁路轨道平顺性

列车运行时和轨道的相互作用,会引起轨道几何形位的不断变化,这种变化即轨道不平顺。轨道不平顺是指轨道几何形状、尺寸和空间位置的偏差。广义而言,凡是直线轨道不平、不直,对中心线位置和轨道高度、宽度正确尺寸的偏离;曲线轨道不圆顺,偏离曲线中心位置和正确曲率、超高、轨距值,偏离顺坡变化尺寸等轨道几何偏差,通称轨道不平顺。高速铁路轨道的不平顺直接影响高速列车运行的安全性与平稳性。

轨道不平顺对车辆振动、轮轨噪声、轮轨相互作用力、舒适度、安全性等都有直接影响,是轨道方面直接限制行车速度的主要因素。轮轨相互作用的理论研究和国外高速铁路的实践证明,在高平顺的轨道上,高速列车的振动和轮轨间的动作用力都不大,行车安全和平稳舒适度能够得到保证,轨道和车辆部件的寿命和维修周期也较长。反之,即使轨道、路基、桥梁结构在强度方面完全满足要求,而轨道平顺性不良时,在高速条件下各种轨道不平顺引起的车辆振动、轮轨噪声和轮轨动作用力将大幅增加，使平稳、舒适、安全性严重恶化，甚至导致列车脱轨。由此可见，提供走行速度快、安全可靠及乘坐舒适性良好的轨道，无疑是轨道管理的基本目标，要充分把握轨道不平顺的特性，弄清轨道不平顺整修限度与列车摇动、安全性和经济性的关系，并在此基础上制订出相应与不同目的的目标值。世界各国高速铁路都十分重视轨道不平顺管理这个问题。

轨道不平顺的检测包括静态检测和动态检测，前者为间断的手工测量，后者是连续的轨检车动态测量。一般来说，轨检车的测量包含了轨道中的暗坑、吊板、轨道弹性不均和动力引起的不平顺，动态检测的结果最能反映实际的轨道状态。对轨道平顺状态进行动态检测的主要设备是轨道检查车，很多高速铁路国家还应用综合检测车实现对高速铁路进行多方位的检测。此外，还有其他的辅助设备对轨道平顺状态的检测，如探伤车、轻型轨道不平顺检测小车、车体振动加速度监测、轨面短波不平顺检测设备、轨面长波不平顺检测设备、轨道刚度连续检查车等设备。

第四节 无缝线路

无缝线路是由许多根标准长度的钢轨焊接成为一定长度的长钢轨线路。与普通线路相比，无缝线路在相当长的一段线路上消灭了钢轨接头，因而具有行车平稳、旅客舒适、节省接头材料、降低维修费用、延长线路设备和机车车辆使用寿命等优点，可以适应高速行车的需要，是铁路轨道的发展方向。无缝线路是可阻止钢轨随温度影响产生长度变化的线路，正是由于无缝线路的优越性，自21世纪以来，各国铁路竞相发展无缝线路，特别是高速铁路，不仅要求必须采用无缝线路，而且必须在新建路基、桥隧工程完工后直接铺设无缝线路（俗称一次性无缝线路）。

一、跨区间无缝线路的发展

跨区间无缝线路又称超长无缝线路，按照无缝线路的基本原理，焊接长钢轨的温度应力与轨温变化幅度有关，而与焊接长钢轨的长度无关。因此，从原理上讲，无缝线路可以无限延长。跨区间无缝线路最大限度地减少了钢轨接头，其焊接长钢轨贯穿了线路全长，并与车站的无缝道岔焊联，取消了缓冲区和钢轨接头，钢轨部件的损耗率和维修工作量进一步减少，最大限度地实现了线路的无缝化，充分发挥了无缝线路的优越性；跨区间无缝线路技术的发展有力地推动了道岔的无缝化、高强度和高平顺，全面提高了线路的平顺性和整体强度；跨区间无缝线路全面改善了线路的工况，不仅缓冲区存在的弊病不复存在，尤其是伸缩区与固定区交界处所产生的温度力峰以及伸缩区因过量伸缩不能复位时产生的温度力峰，都随伸缩区的消失而消失，有利于轨道的稳定和维修管理；跨区间无缝线路的防爬能力强，钢轨纵向力的分布比较均匀，锁定轨温容易保持，提高了线路的安全度和可靠性；跨区间无缝线路进一步改善了列车运行工况;更为重要的是,在新线建设中一次性无缝线路取消了标准轨线路的过渡,彻底消灭了钢轨接头遗留的线路病害,对高速铁路来讲,这一点尤为重要。

二、跨区间无缝线路的关键技术

跨区间无缝线路是普通无缝线路的一种完善,从本质上说与普通无缝线路没有太大的区别,但在结构、铺设、养护维修等方面还是具有不同的特点。钢轨胶接绝缘接头、无缝道岔、桥上无缝线路技术是各国实现跨区间无缝线路的3大主要关键技术。

1. 钢轨胶接绝缘接头

胶接绝缘接头由以下部件组成:钢轨、全断面夹板、绝缘胶板、高强度套管、绝缘端板、高强度螺栓、平垫圈,经高温、加压固化而成,如图2-11所示。钢轨胶接绝缘材料以热胶为主,大多数采用工厂生产。钢轨胶接绝缘接头是用胶接的绝缘接头代替原来的缓冲区,消除了轨缝,为列车的运行提供连续平滑的运行表面,绝缘接头是实现跨区间无缝线路的关键轨道部件之一,具有整体性好、强度高、刚度大、绝缘性能好、寿命长、养护少等特点。但是,要注意胶接绝缘接头不同于焊接接头,不能承受撕扯力,且缺少弹性,不能承受过大的弯曲和撞击,所以在运输和铺设的过程中,要尽量避免发生剧烈摔打、弯曲和撞击。目前,在我国的大部分跨区间无缝线路设置的都是胶接绝缘接头。

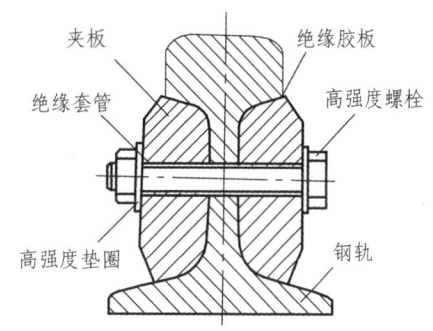

图 2-11 钢轨胶接绝缘接头

2. 道岔无缝化

为使列车快速通过道岔,将道岔和轨道间接头采取焊接或者胶接等方式,消除道岔与轨道、道岔与道岔之间的缝隙,并将道岔两端与无缝线路焊接形成无缝道岔。由于消灭了钢轨接头,因此简化了道岔结构,提高了平顺性,延长了各部件的寿命,同时减少了养护维修,这样就保证了列车的运行平稳性与安全性。

在技术上,跨区间无缝线路的轨条可以任意长,这样,穿越车站时钢轨必须和道岔连接在一起。道岔无缝化是发展跨区间无缝线路的一项重大技术环节,特别是当轨温相对于锁定轨温变化时,道岔区钢轨承受的纵向力以及产生的位移,将影响到道岔的强度和稳定性以及行车的安全性。由于道岔内钢轨接头焊接或胶接,而且道岔两端与无缝线路长轨条焊连,形成直股和侧股都无轨缝的道岔,所以无缝道岔中钢轨附加温度力与变形的分析是其设计、铺设和维修的核心和主要难点,关系到跨区间无缝线路的成败。

3. 桥上无缝线路

桥上无缝线路不同于铺设在一般路基上的无缝线路,桥上无缝线路除受到列车动载、温度力、制动力等的作用外,还受到由于桥梁的伸缩或挠曲变形产生的梁轨相互作用力——纵向附加力。纵向附加力增加了钢轨应力，并反作用于桥梁，并通过桥梁作用于墩台。此外，桥上无缝线路钢轨一旦断裂，不仅危及行车安全，还将产生断轨附加力，并通过桥跨结构而作用于墩台上。因此，设计桥上无缝线路时，为保证安全，必须考虑在上述各种力的联合作用下，保证钢轨、桥跨结构及墩台满足各自的强度条件、稳定条件以及钢轨段缝条件。

我国从1963年开始，先后在一些中小跨度的多种类型桥梁（简支梁、连续梁、桁梁、有砟无砟桥）上铺设无缝线路，并对桥上无缝线路梁轨相互作用的原理进行大量的试验研究，涉及多种类型桥梁上无缝线路纵向力作用规律，以及桥梁墩顶位移（高墩）等多种因素的影响，并建立了桥上无缝线路伸缩附加力、挠曲附加力的计算原理和计算方法，为中国在桥上铺设无缝线路奠定了基础。我国在一些特大桥上铺设了无缝线路，如南京长江大桥、武汉长江大桥、九江长江大桥等。

第五节　高速铁路路基

路基是轨道的基础，是铁路线路的重要组成部分。路基的稳定性与坚固性直接关系列车的运行安全、平稳与快速。高速铁路路基与普通铁路相比有很大的不同，最大的特点为：高速度、高舒适性、高安全性和高密度。为了达到高速铁路线路运营的要求，高速铁路路基既要为高速度运行的机车车辆提供高平顺性与高稳定性的轨道面条件，又要保证线路组成部分具有一定的坚固性和耐久性，使其在运营条件下保持良好的状态。这就使得路基必须具备良好的性能，即强度高、刚度大，同时要严格控制路基的容许沉降或没有沉降以及保证路基刚度沿线路纵向变化缓慢等特点。

一、高速铁路路基结构

高速铁路线路结构，已经突破了传统的轨道-道床-土路基这种结构形式，既有有砟轨道也有无砟轨道。对于有砟轨道，在道床和土路基之间，已经抛弃了将道砟层直接放在土路基上的结构形式，做成了多层结构系统。

日本的路基结构分为基床表层、上部填土和下部填土3部分，其中基床表层是指道床下面直接承载轨道的垫层，上部填土指基床表面以下3 m以内的部分，下部填土指上部填土以下的填土部分。基床表层可分为强化基床表层和土基床表层两种。德国的路基结构分为路基保护层（PSS）、防冻层（FSS）、填筑路堤层、地基过渡层。

在我国的客运专线上，基床为路基上部列车动应力作用较显著的部分，由表层与底层组成，基床表层厚度无砟轨道为0.4 m，有砟轨道为0.7 m，基床底层厚度为2.3 m。对于高度小于基床厚度的路堤，基床包括路堤和地基的一部分；对于路堑则为开挖路基面以下基床厚度的范围。对于无砟轨道路基，基床表层由两部分组成，即30 cm的混凝土支撑层和40 cm的级配碎石层。对于有砟轨道路基，基床表层采用级配砂砾石或级配碎石材料。基床表层厚度方面：我国基床表层厚度是根据应力和变形确定的，主要考虑列车的轴重和速度的影响；但没有细致考虑冻胀影响，遇到气候寒冷、土性和水文地质条件不利时，可能会出现超过允许的冻胀变形。无砟轨道支承层（或底座）底部范围内路基面可水平设置，支承层（或底座）外侧路基面两侧设置不小于4%的横向排水坡。有砟轨道路基面形状应为三角形，由路基面中心向两侧设置不小于4%的横向排水坡。曲线加宽时，路基面仍应保持三角形。有砟轨道路基两侧的路肩宽度，双线不应小于1.4 m，单线不应小于1.5 m。直线地段标准路基面宽度应符合表2-5的规定。

无砟轨道双线路堤标准横断面如图2-12所示。

表2-5 路基面标准宽度

轨道类型	设计最高速度/km·h^{-1}	双线线间距/m	路基面宽度	
			单线/m	双线/m
无砟轨道	250	4.6	8.6	13.2
	300	4.8		13.4
	350	5.0		13.6
有砟轨道	250	4.6	8.8	13.4
	300	4.8		13.6
	350	5.0		13.8

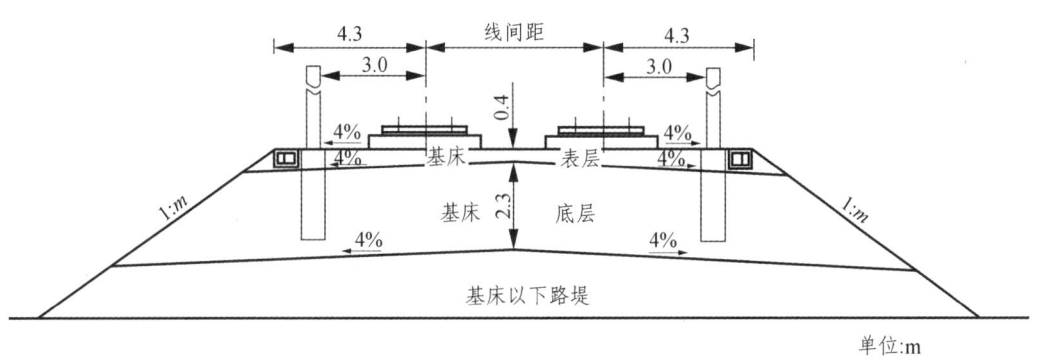

图2-12 无砟轨道双线路堤标准横断面示意图

二、高速铁路路基沉降的控制标准

路基在竣工铺轨后继续发生的沉降就是路基的工后沉降。路基的工后沉降量的大小对高速铁路行车的安全性、稳定性、舒适性、线路的养护维修量及轨道结构部件的使用寿命有重要的影响。路基沉降主要有：在列车荷载作用下发生的变形；路基本体在自重作用下的压密沉降；支承路基的地基引起的压密沉降这3部分。在路基填料的材质与施工质量有保证的前提下，前两部分的数值是有限的，因此控制路基沉降主要是控制地基的工后沉降，特别是针对不良的地基，如饱和软弱黏性土质的地基，变形数量大，完成时间长。如果不采取有效的处理措施，下沉量可达几十厘米到几米，变形过程长达几十年。工程实践说明，绝对消除工后沉降是很困难的，一般在地基设计和养护中，将工后沉降控制在一定的、可以允许的范围内，使其对高速铁路的正常运行影响不大。因此，严格控制路基变形和工后沉降十分重要，也是保证路基施工质量的重要环节。

控制路基工后沉降标准,主要是依据高速铁路行车线路的要求以及线路的维修能力与前期建设投资、后期养护费用的经济比较确定。一方面既要保证列车的高速、安全、舒适运行,另一方面也不因维修量过多导致工程费用的增加。

1. 有砟轨道路基工后沉降控制标准

根据日本、德国等高速铁路的经验,考虑到地基与路桥过渡段的工后沉降标准的不同,我国客运专线铁路对有砟轨道路基工后沉降的沉降标准见表 2-6。

表 2-6 有砟轨道路基工后沉降控制标准

标准或速度		一般地段工后沉降/cm	路桥过渡段工后沉降/cm	沉降速率/(cm/7 年)
新建时速 200 km 客货共线铁路设计暂行规定		15	8	4
新建时速 200~250 km 客运专线铁路设计暂行规定	200 km	15	8	4
	250 km	10	5	3
新建时速 300~350 km 客运专线铁路设计暂行规定		5	3	2

2. 无砟轨道路基工后沉降控制标准

无砟轨道基础出现变形,会直接影响轨面的平顺性。由于无砟轨道因其整治和修养较为困难,需要投入大量的资金,因此对无砟轨道路基工后沉降较有砟轨道更为严格。

《客运专线无砟轨道铁路设计指南》中规定,路基在无砟轨道铺设完成后的工后沉降,应满足扣件调整和线路竖曲线圆顺的要求。无砟轨道的工后沉降一般不应超过扣件允许的沉降调高量 15 mm;沉降比较均匀、长度大于 20 m 的路基,允许的最大工后沉降量为 30 mm 并且调整轨面高程的竖曲线半径能满足要求,即 $R_{sh} \geq 0.4 v_{sj}^2$(式中 R_{sh} 为竖曲线半径;v_{sj} 为设计最高速度)。

第六节 高速铁路桥隧结构

一、高速铁路桥梁

高速铁路上的桥梁,除需满足一般铁路桥梁的要求外,还需满足一些特殊的要求,这是因为在高速列车运行条件下,结构的动力响应加剧,从而使列车运行的安全性、旅客乘车的舒适度、荷载冲击、材料的疲劳、列车运行时的噪声、结构的耐久性等问题都与普通铁路不同。所以,桥梁结构必须具有足够的强度和刚度,必须保证可靠的稳定性和保持桥上轨道的高平顺状态,使高速铁路的桥梁结构能够承受较大的动力作用,具备良好的动力特性。

高速列车的运营要求较高,能用于检查、维修的时间有限。因此,从总体上来说,高速铁路上的桥梁结构应构造简洁,规格和外形力求标准化,消除构造上的薄弱环节,使得便于施工、建造质量容易得到控制,达到少维修的目的。

在高速铁路建设中,桥梁设计与建造已成为关键技术之一。进入 21 世纪以来,随着中国高速铁路规模的迅速发展,通过广泛借鉴世界高速铁路桥梁先进技术和成功建设经验,在我国高速铁路桥梁建设实践过程中,逐步形成了具有中国特色的高速铁路桥梁建设关键技术,能够更好地保证列车运行的安全性、平稳性及旅客乘坐的舒适性。我国高速铁路桥梁建设理念主要有以下几点:

(一)保证列车的安全性和舒适性

高速铁路桥梁与普通铁路桥梁的显著区别在于列车运行速度,确保设计速度目标值条件下的安全性与舒适性,是高速铁路桥梁建设的关键之一,涉及动力响应、桥梁结构非弹性变形、稳定频率和路桥刚度过渡、大跨度桥梁低频振动、桥面构造以及高速铁路线型要求等方面。

1. 动力响应

动力响应问题是高速铁路桥梁设计的关键。高速列车在桥梁上运行时,列车与桥梁之间的互动影响明显,在结构设计中除满足常规桥梁的静力强度、刚度要求外,对结构的动力特性必须高度重视。梁跨结构必须具有足够的刚度和自振频率,宜采用箱形梁等刚度大、动力性能好的结构形式。

2. 控制桥梁结构非弹性变形对轨道持续稳定和平顺性的影响

高速铁路桥梁结构在与跨区间无缝轨道的相互作用以及在各种荷载工况下的变形,会直接导致桥上轨道结构的变形,影响高速列车运行的安全和乘坐的舒适。必须对梁轨作用的位移差值、桥墩台的水平刚度、基础的沉降变形、梁体挠度、梁端转角、预应力混凝土梁体的弹性变形及后期收缩徐变变形进行控制,使线路轨道平顺性保持在允许的范围内。

3. 保持良好的线路动力性能

由于线路、水文、地质、立交等要求,高速铁路的长桥较多,有的长达数十千米,甚至上百千米,列车匀速行驶所引起的等跨简支长桥与列车达到某一稳定频率的问题需引起关注,并应避免对列车走行造成不利影响。路基填土相对于桥梁结构具有可压缩性,提供的竖向刚度也比桥梁弱。为了保证高速行车的安全和舒适,必须重视路桥刚度过渡问题,做好刚度过渡措施,减少路基、桥梁交变地段竖向刚度突变对高速行车的影响。

4. 研究大跨度桥梁低频振动影响

在大跨度桥梁设计中,除常规动力学问题外,还需对高速行车条件下的低频振动问题进行专题研究与分析,把握其对行车以及对结构自身的影响。

5. 合理设计桥面构造系统

高速铁路桥梁的桥面除布置轨道系统外,还设置电力、电气化、通信、信号、声屏障等相关设施。桥面在施工期间有施工运载机具通过,在运营阶段不仅走行高速列车,还有机械化养护维修设施通过。列车在高速行车时产生的风吸附作用,也将对桥面设施产生影响,进而影响高速行车安全。要重视桥面构造系统研究，综合考虑各种因素，合理布置桥面形式。

6. 优化高速列车的运行条件

高速铁路的平面曲线半径大，不能按照传统桥渡的概念控制线路走向，除个别特大桥外，大多数桥梁的桥位受线型控制，需采用技术措施，以实现高速运行为前提。对于技术复杂、具有控制性要求的个别特大桥的桥渡设计，要在充分研究水文、地质、河道、航道及道路设施的通行条件等因素的基础上进行综合比选，采用有利于缩短行车时分、技术经济条件好的方案，并结合施工条件，选择合理的桥式结构、桥跨布置、墩台基础形式。

（二）注重环境与景观的适应

高速铁路桥梁建设，必须充分研究建设地区的环境因素，预判环境对桥梁的影响，解决不同自然环境条件下的基础设计、结构选型、环境相融性、构造措施等问题。

1. 注重节约用地

建造高架桥梁与修建路基相比，能够少占良田，节约土地资源。中国高速铁路多位于东、中部地区，该地区人口稠密、道路纵横交错，采用高架桥能更好地适应城市的规划与发展，方便沿线两侧居民的出行。

2. 减少噪声影响

列车高速运行，轮轨碰撞、列车受电弓与接触网摩擦、列车与空气摩擦、结构物自身振动都会产生很大的噪声，需采取有效措施，重视减隔振设计，尽量减少噪声影响。目前桥梁支座普遍采用橡胶支座，轨道采用弹性橡胶垫，减振消振、减少噪声、减少对环境的影响。穿越城镇或居民区的桥梁，采取在桥面外侧设置声屏障等措施。在建设与运营各阶段，要严格控制对水体、土壤、大气的污染，减少对生态的破坏。

3. 重视耐久性

优先采用预应力混凝土结构，根据我国高速铁路成网运输、维修天窗时间短的国情，按照环境类别或环境作用等级，进行桥梁的耐久性设计、施工，建造少维护易维修的耐久性工程。

4. 塑造桥梁景观

高速铁路桥梁尤其是穿越优美自然景区、经过城市范围的桥梁，作为永久性工程和标志性建筑，必将融入所经地区人们的生活，给环境带来影响和变化。桥梁在发挥交通建筑主要功能的前提下，还要体现出与环境和谐统一的美学特性，形成与环境相协调的桥梁景观。在实用、安全、经济的原则下，更加突出美学要求，塑造出体现时代特征、新颖美观的桥梁建筑造型。

（三）注重服务运输与综合效益

1. 优化建设工期

为保证建设工期能够控制在较短的周期内，对于个别控制全线工期、技术复杂的特大桥，如京沪高速铁路南京大胜关特大桥、武广客运专线天兴洲公铁两用斜拉桥等，采用单独立项、先期开工的方式解决工期问题，既保证了桥梁工程的合理周期，又加快了全线的建设速度。

2. 工业化施工组织

高速铁路的桥梁比重很大，有的高达正线总长的 80%以上，大多是标准跨度的简支梁长桥，数量巨大，有利于工厂化制梁，采用架桥机组织快速铺架，有利于加快桥梁建设速度。

3. 集成专业技术

为满足少维护易维修的需求，优先采用耐久性预应力混凝土结构。要重视接口设计，协调桥梁与轨道、接触网、通信、信号、电力电缆线、综合接地等各专业之间的接口关系，综合考虑专业之间的系统集成技术，满足养护维修作业需要。

二、高速铁路隧道

隧道是铁路线路的重要组成部分之一，随着高速铁路行车速度的不断提高，线路最小曲线半径的变大，必将涌现出大量的隧道工程。

日本是个多山的国家，新干线隧道比例较大。日本营业新干线中隧道总长度达 635 km，约占新干线线路总长 33%。

德国于 20 世纪 80 年代初期动工修建的，从汉诺威至维尔茨堡高速铁路，长 327 km，隧道总长 118 km，占线路总长的 37%，包括长达 10.747 km 的兰德吕肯隧道。另一条从曼海姆到斯图加特线路总长 100 km，隧道约占 30%（30 km）。2002 年开通的运行速度为 300 km/h 的科隆—法兰克福高速铁路，隧道占线路总长 21.3%。

我国台湾正在修建的台北到高雄的高速铁路，全长 333 km，共有总延长 39 km 的 50 座隧道，最长的隧道约 8.4 km，隧道比重为 11.7%。

如图 2-13 所示为我国设计的时速 350 km 最长高速铁路山岭隧道——武广客运专线大瑶山一号隧道。

图 2-13　大瑶山一号隧道

高速铁路隧道与普速铁路隧道最大的区别就是当列车以高速通过隧道时产生的空气动力学效应对行车、旅客舒适度、列车相关性能和洞口环境的不利影响十分明显，同时对于防排水标准、防灾救援和耐久性等方面也有较高的要求。

高速铁路隧道的勘测、设计、施工与维修养护管理与普通铁路隧道有许多共同点，对高速铁路隧道设计参数的特殊要求，主要是由于高速列车进入隧道诱发的空气动力学效应，本节将主要介绍空气动力学对隧道设计、高速列车行驶的影响。

（一）空气动力学效应简介

当列车进入隧道时，原来占据着空间的空气被排开。空气的黏性以及隧道壁面和列车表面的摩擦阻力作用使得被排开的空气不能像隧道外那样及时、顺畅地沿列车两侧和上部形成绕流。于是，列车前方的空气受压缩，列车后方则形成一定的负压。这就产生一个压力波动过程，这种压力波又以声速传播至隧道口，形成反射波，回传、叠加，诱发对运营产生一系列负面影响的空气动力学效应。

（二）空气动力学效应对高速列车运行的不利影响

高速列车高速通过隧道时产生的压力波动，是高速列车通过隧道时产生的主要效应。当这种压力波动，特别是在极短时间内的压力突变（称为瞬变压力）传到人体时，会产生生理上的不适，即耳膜压感不适，从而大大降低乘车的舒适度，并对铁路员工和车辆产生危害；高速列车进入隧道时，会在隧道出口产生微压波，引起爆破噪声并危及洞口建筑物；行车阻力加大，引起对列车动力和能耗的特殊要求；列车风加剧，影响在隧道中待避的作业人员；其他，如隧道内热量的积聚，空气动力学噪声等。

瞬变压力主要影响因素有：隧道断面阻塞比 β（列车横截面面积与隧道内轨顶面以上净空面积之比）、列车运行速度、隧道长度、车辆密封性、辅助坑道的影响、列车交会的影响等。

高速铁路进入隧道的空气动力学效应受多种因素影响，包括：

（1）机车车辆结构原因。行车速度，车头和车尾形状，列车横断面，列车长度，列车外表面形状和粗糙度，车辆的密封性等。

（2）隧道结构原因。隧道净空断面面积，双线单洞还是单线双洞，隧道壁面的粗糙度，洞口及辅助结构物形式，竖井、斜井和横洞，道床类型等。

（3）其他方面。列车在隧道中的交会等。

以上因素极大地影响列车运行的安全性和旅客乘车的舒适性，不仅为养护维修工作带来不便，而且对周边环境也将造成不利影响。因此，高速铁路隧道的设计必须着重考虑列车空气动力问题。

（三）减少空气动力学效应的工程措施

理论和试验研究表明，为降低隧道空气动力效应的影响，一般用以下工程措施来减小空气动力效应的影响：

1. 扩大隧道断面面积和减小阻塞比

根据国外有关高速铁路隧道的试验研究，增大隧道断面，减小阻塞比是降低瞬变压力的有效途径。其中，双线隧道增大隧道断面降低瞬变压力虽效果明显，但工程造价过高。

2. 改变隧道入口形式

改变隧道的入口形式，可降低瞬变压力和微气压波在洞口附近引起的噪声干扰。一般做法是在隧道入口处外接一段明洞，并在其墙壁上开设通气孔。英美有些专家认为，这种入口边墙上的最佳开孔率为隧道横断面的 75%，沿边墙等距离排列。有的隧道把这种明洞做成喇叭形入口，喇叭口端部的面积为隧道横断面的 2.5 倍。试验研究表明这种式样的明洞入口，可使列车进入时产生的空气压力峰值减少约 25%。

3. 设置通风竖井

在长隧道中设置竖井，不但能缓和列车通过时所发生的瞬变压力，而且也能降低行车的空气阻力。由于竖井的存在，列车前方压力较大的空气不仅可通过隧道出口排出隧道，而且也可由列车前方的竖井排出隧道，这样就能降低列车前方与后方的空气压力差及列车的空气阻力。另外，在隧道内合理地设置通风竖井，也可使因高速行车产生的瞬变压力幅值降低 5%左右。当考虑修建竖井（或斜井）时，应尽可能利用施工中留下的竖井，因此在确定施工竖井的位置时，最好能兼顾到高速列车降低瞬变压力的要求。

4. 修建平行辅助隧道

对于特长隧道，往往因其埋深很大，不宜设置竖井，这种情况下可在行车的主隧道旁修建一条小断面的平行辅助隧道，且每隔一定距离用横通道与主隧道连通。这样，每当列车经过一个横通道口就产生一次压力脉冲。虽然其瞬变压力变化频繁，但强度较弱，使旅客较易承受。另外，平行辅助隧道除可降低瞬变压力和空气阻力外，还可用于通风、排水，且当隧道发生火灾时，还可为旅客及隧道内养护作业人员提供安全出口。

另外，保持隧道内的表面的平整光滑，改善轨道结构，采用具有良好的空气动力学形状的车体。同时由于隧道是一种特殊的结构物，列车通过隧道时发生火灾的后果往往是灾难性的，因此还要重点关注高速铁路隧道的防灾救援。

复习思考题

1. 高速铁路的平、纵断面参数主要有哪些？
2. 有砟轨道和无砟轨道各有何优缺点？高速铁路轨道结构有何特点？
3. 简述无砟轨道的类型及特点。
4. 什么叫轨道不平顺？轨道不平顺有何危害？
5. 高速铁路道岔的种类有哪些？
6. 高速铁路道岔的结构特征是什么？
7. 高速铁路道岔如何选用辙叉号数？
8. 什么叫无缝线路？无缝线路的优点有哪些？

9. 高速铁路铺设跨间无缝线路的作用是什么？其关键技术有哪些？
10. 高速铁路路基的特点是什么？
11. 高速铁路桥梁的设计理念是什么？
12. 什么是空气动力学效应？
13. 空气动力学效应对高速列车运行的不利影响有哪些？
14. 简述空气动力学效应产生的因素。
15. 减少空气动力学效应的工程措施有哪些？

第三章 高速铁路车站

高速铁路车站是高速铁路旅客运输的基层单位,是高速铁路提供客运服务、完成旅客输送任务和进行行车组织工作的主要场所之一,同时也是城市的窗口,是高新技术的综合体现。高速铁路车站在技术设备和运输组织模式等方面都与普通车站有很大的区别,所以在设计车站时应根据其所在城市规划、自然条件、服务对象等确定车站规模及功能,将其设计成符合城市特色的功能多样化的现代化车站。

第一节 概　述

一、高速铁路车站的主要作业及特点

(一)高速铁路车站的主要作业

1. 客运业务作业

包括客票的发售、旅客的乘降、候车、问讯、小件行李寄存以及对旅客文化生活、饮食卫生等方面的服务。

2. 运转作业

包括列车的接发、车组技术检查、车底取送、客车上水及餐饮供应等。

(二)高速铁路车站的作业特点

1. 车站作业单一、仅办理客运作业

我国高铁车站绝大多数是客运专线,因此,车站只办理客运作业,不办理货运作业,即使是客货混线的车站也基本不办理货运作业。主要原因:办理货运作业需要的设备多、占地大;货物装卸、保管作业复杂;货车取送作业会和旅客列车到发产生交叉干扰,影响旅客列车速度。

2. 途中站不办理行包、邮政托运业务作业

高速列车牵引重量小、列车定员少、运输成本高,在高速列车上挂运邮车和行包车不经

济，还会因装卸行包而延长旅客列车的停站时间；另外，为办理行包邮政业务，还需增建相应的行邮通道，这也会增加高速铁路车站的投资建设费用。

3. 列车站停时间短

我国高速列车行车密度大、间隔时间短。高速列车进站停车时间大约 1~2 min，始发终到的高速列车，白天运行终到时均立即折返，时间约为 20 min。

4. 采用"小编组"形式

"小编组"即编挂车辆少，通常为 6~8 辆，部分客流大的线路开行重联列车。

二、高速铁路车站的设计特点

1. 坚持"以人为本、客流为主"的设计思路

在新一代铁路客运站建设中，要贯彻铁路部门提出的新时期规划和建设铁路客运站的"五性"要求，即"功能性、系统性、先进性、文化性和经济性"，实现设计理念从传统模式向现代化客运站的转变，其设计思路就是要从管理旅客向"以人为本"、"客流为主"、方便旅客的建筑理念转变；在功能设计上要满足快捷通过、旅客进出站和换乘方便、候车环境舒适的要求；在系统设计上要体现系统论的方法，实现以客站为中心，铁路与城市其他交通的有机结合；在车站规模、设备设置、建筑材料及建筑技术上体现现代化和环保，适应可持续发展要求；在文化性上追求客站交通功能与时代特征和地域文化的完美结合；在经济性上要合理把握车站规模与建筑标准的关系，注重近期与远期的结合。

2. 坚持"大交通"思路，实现各种交通方式间的"零距离换乘"

高速铁路是一种大运量的运输通道，为充分发挥高速铁路的效能，需要城市内部各种工具能快速地为高速铁路车站运送和疏解客流，实现高速铁路车站在城市中"交通转换平台"的作用，使高速铁路与既有线、城市轨道交通、轻轨、公交、出租车等交通方式形成协调运作、优势互补的交通体系，从而成为城市综合型交通枢纽，为旅客提供便捷、高效的一体化运输服务。

三、高速铁路车站的分类

（一）按技术作业性质分

按技术作业性质分，高速铁路车站可分为越行站、中间站、始发（终到）站。

1. 越行站

越行站是专为办理旅客列车越行而设的车站。主要办理以下作业：

(1) 办理正线各种旅客列车的通过作业。
(2) 办理中速列车待避高速列车。
(3) 通常不办理客运业务，但可为未来该站办客运业务预留发展条件。

2. 中间站

中间站是主要办理列车通过和越行作业、客运业务和少量的列车折返作业的车站。在高速线上新建的高速中间站主要办理以下作业：

(1) 办理高、中速旅客列车停站或不停站通过。
(2) 办理中速旅客列车待避高速旅客列车。
(3) 办理少量高速旅客列车夜间折返停留。
(4) 办理停站的各种旅客列车的客运业务。

3. 始发（终到）站

始发（终到）站是主要办理列车始发、终到作业及客运业务的车站，一般设有动车段（所）或动车存车场。主要办理以下作业：

(1) 办理高速旅客列车的客运业务。
(2) 办理高速旅客列车的始发、终到，动车组的取送和折返作业。
(3) 办理动车组的整备、检修作业。

（二）按办理的客运量大小分

按办理的客运量大小分，高速铁路车站分为特大、大、中、小型站。按车站高峰时段的高峰小时旅客发送量 PH（人）进行分类：PH≥10 000 人为特大型站；5 000≤PH<10 000 人为大型站；1 000≤PH<5 000 人为中型站；PH<1 000 人为小型站。

第二节　高速铁路车站设备

为了完成旅客列车和动车的各项技术作业，保证高速铁路车站快速有序地完成各项旅客运输任务，高速铁路车站应根据其技术作业特点和作业量的大小来配置相应的设备。车站的设备主要包括：车站线路、客运设备、信号设备等。

一、车站线路及线间距

（一）车站线路

1. 站内正线

车站正线是直股贯通车站并连接区间的线路，主要供列车不停车通过时使用。车站正线应设在直线上，困难条件下可设在曲线上，但不能设在反向曲线上，站内正线最小曲线半径须结合路段行车速度合理确定，咽喉区范围的正线要设在直线上。

2. 到发线

到发线是车站内用于办理旅客列车到达和出发作业的线路。车站到发线数量应根据车站的性质、客流量大小、旅客列车的运行模式、动车段（所、场、综合维修工区等）的配置等因素确定。主要考虑以下几个方面：

（1）车站在高速线网上的位置和衔接方向。

（2）车站办理的技术作业性质和车站承担的作业量。

（3）车站设备规模数量和布置要求。

（4）综合检修段（区）、动车段（所）等设施与车站间联络线（或走行线）的数量和接轨位置。

（5）车站周边地形、地貌以及地质条件。

越行站由于只办理列车越行作业而不办理旅客乘降作业，故只需设 2 条到发线待避之用。

中间站除办理本线旅客列车越行跨线旅客列车、高等级高速列车越行低等级高速列车外，还需办理客运业务，其到发线可设 2~4 条。中间站有立即折返作业时，因停站时间较长到发线数量可再适当增加。

始发（终到）站到发线数量要根据列车对数、列车种类与性质、车站技术作业过程等因素来确定，并要满足客流高峰时段列车密集到发的要求。始发（终到）站到发线数量可参照表 3-1 来确定。

表 3-1 始发站到发线数量参照表（正线除外）

列车换算对数	到发线数量/条
70 及以下	5
71~110	6~8
111~150	8~10
151~190	10~12

注：①表中到发线数量的幅度，可按换算列车对数的多少对应取值；②列车对数的换算系数如下：始发终到高速列车（出入段）为 1.0，始发终到高速列车（立即折返）为 0.9，停站的通过高速列车为 0.7；③以始发、终到列车为主，仅有少量不停车通过列车的始发站上的正线，可适当考虑按到发线使用。

到发线有效长应为 650 m，并按双方向进路设计。考虑到到发线运用的灵活性，到发线均应设计成双进路。对于有列车长时间停留的到发线，为防止列车溜逸，影响其他线路的行车作业安全，规定到发线两端宜设置隔开设备。

3. 安全线

安全线是进路隔开设备之一。设置安全线的目的是为了防止列车或机车车辆进入其他列车或机车车辆进入的线路，以免造成冲突事故。安全线向车挡方向不应采用下坡道，其有效长一般不应小于 50 m。当与到发线接轨时，站内有平行进路及隔开道岔并有联锁装置时，则可不设安全线。

4. 机车走行线

始发终到站与动车段（所）之间应设置 2 条左右的走行线。机车走行线与正线宜避免进路交叉，可设立交疏解。困难条件下，经计算咽喉能力满足需要时则可不设立交疏解。

5. 其他线路

对于综合维修段（工区）与车站呈纵向连接时，维修段（工区）至车站衔接处的走行线应有最长养路作业车列加 50 m 的长度，以便进行调车作业。呈横向连接时则应设牵出线。其他的站线、段、所、工区与车站的连接线路及其管内线路平面设计要求按现行《铁路车站及枢纽设计规范》规定办理。

（二）限界及线间距

1. 限　界

为保证行车安全，铁路线路附近的任何建筑物和设备（除与机车车辆直接相互作用的设备外）都应该离开线路中心线和钢轨轨面一定的距离，以防止机车车辆通过时与其相撞。为此，铁路规定了线路四周建筑物或设备不得侵入的和机车车辆本身不得超出的轮廓尺寸线，即限界。

（1）车站内线路的直线地段，主要建筑物和设备至线路中心线的距离应符合表 3-2 的规定。其余各项内容均按《高速铁路建筑限界基本尺寸及轮廓图》的有关标准制定。

表 3-2　主要建筑物和设备至线路中心线的距离

序号	建筑物和设备名称	位置		至线路中心线的距离/mm
1	跨线桥柱、天桥柱、电力照明和雨棚等杆柱边缘	位于正线一侧		≥2 440
		位于站线一侧		≥2 150
		位于站场最外线路的外侧		≥3 100
2	旅客站台边缘	位于站线一侧		1 750
3	连续墙体、栅栏、声屏障边缘	位于正线或站线外侧（无人员通过）		路基面外
4	接触网柱边缘	位于正线一侧	无砟	≥3 000
			有砟	≥3 100
		位于站线一侧		≥2 500
		位于站场最外线路的外侧		≥3 100

（2）车站内线路的曲线地段的建筑限界，应考虑因超高产生车体倾斜对曲线内侧的限界加宽。其加宽量应按式（3-1）进行加宽

$$W = H \cdot h / 1\,500 \tag{3-1}$$

式中　W—曲线内侧加宽值，mm；

　　　H—轨顶面至计算点的高度，mm；

　　　h—外轨超高值，mm。

曲线上建筑限界的加宽范围，包括全部圆曲线、缓和曲线和部分直线，采用图 3-1 所示阶

梯加宽方法。

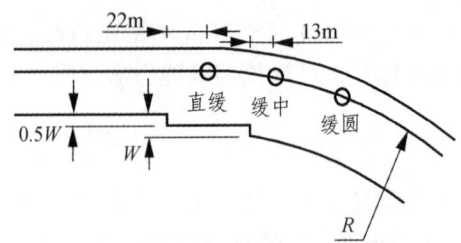

图 3-1　高速铁路建筑接近限界的曲线加宽方法

2. 线间距

相邻两股道中心线间的距离，简称线间距。站内两平行线路中心线间的距离，一方面要满足建筑限界或者机车车辆限界的要求；另一方面还要满足车站平面布置和两线间设置有关设备及保证作业活动安全的需要。在线路的直线地段，站内两相邻线路中心线的线间距应符合表 3-3 的规定。

表 3-3　铁路线间距

顺序	名　称		线间最小距离/mm
1	区间正线、站内正线	v=160 km/h	4 200
		160 km/h＜v≤200 km/h	4 400
		200 km/h＜v≤250 km/h	4 600
		250 km/h＜v≤300 km/h	4 800
		300 km/h＜v≤350 km/h	5 000
2	三线及四线区间的第二线与第三线		5 300
	站内正线	v≤250 km/h	4 600
		250 km/h＜v≤300 km/h	4 800
		300 km/h＜v≤350 km/h	5 000
4	站内正线与相邻到发线		5 000
5	到发线与相邻到发线		5 000
6	安全线与其他线路		5 000

注：线间有建（构）筑物或有影响限界的设施，最小线间距按建筑限界计算确定。

曲线地段线路中心线间水平距离可不加宽。

二、客运设备

1. 旅客站房

旅客站房地面高程与站台面高程的关系有下列 3 种形式：

线平式——站房地面高程与站台面高程相差很小或相同。

线上式——站房地面高程高于站台面高程。

线下式——站房地面高程低于站台面高程。

站房的设计高程应结合地形合理利用其高差，设计成线平式、线上式或线下式等布置形式。采用线上式或线下式布置，应使旅客从广场、站房经由天桥或地道到站台有最小的升降高度。

大城市的客运站，当受城市建筑物或用地限制时，可结合当地的地形、地质和水文条件，经过对技术上的可能性、工程投资的大小和对城市的影响等比较后，可将站房设计为多层立体式。

2. 旅客站台

旅客站台的设计宽度主要与列车上下车的乘客人数、乘客上下车的速度、站台候车人均所需面积、波动系数等因素有关。高速铁路列车行车密度较大、定员少，分摊到每列车的上下旅客人数相对少于普通铁路列车，其设计可按以下规定设置：

（1）站台长度应按 450 m 设置。只停留 8 辆编组动车组的车站站台长度按 230 m 设置，困难条件下不应小于 220 m。

（2）站台高度应高出轨面 1.25 m。

（3）站台宽度应根据车站性质、站台类型、客流密度、安全退避距离、旅客通道出入口宽度等因素确定。一般情况可按表 3-4 确定。

表 3-4 旅客站台宽度

名　称	特大及大型站/m	中型站/m	小型站/m
站房（行车室）突出部分边缘至站台边缘距离	15.0～20.0	12.0～15.0	≥8.0 通道正对站房处≥10.0
岛式中间站台	11.5～12.0	10.5～12.0	10.0～11.0
侧式中间站台	8.5～9.0	7.5～8.0	7.0～8.0

注：基本站台宽度：当通道出入口设于基本站台站房范围以外地段时，其宽度不应小于侧式中间站台标准。

（4）有旅客列车通过的正线两侧不应设置站台。站台位于到发线一侧时，站台安全标线与站台边缘距离为 1.0 m。安全标线宜采用黄颜色，并应与提示盲道合并铺设，宽度不大于 250 mm，不小于 17 mm。

（5）站台宜设在直线上；站台设在曲线上时，曲线半径不宜小于 800 m；采用 12 号道岔时，困难条件下，曲线半径不应小于 600 m。

（6）站台端部最小宽度不宜小于 5.0 m。

（7）站台两侧应设置台阶或坡道及防护栅栏，设宽度不小于 1.0 m 的栅栏门，并标有禁行标志。

（8）站台上应设置停车位置标，具体位置由铁路局（公司）规定。

3. 雨　棚

为使旅客不受日晒雨淋，保证旅客能安全、方便地在站台上行走和乘降列车，在多雨地区、客运量大的高速铁路车站，需要设置站台雨棚、天桥走廊雨棚、连接进出站检票口雨棚。地道出入口无论在任何情况下，均应设置雨棚。

雨棚的长度应与站台长度相同，雨棚的宽度不应小于站台宽度。站台雨棚的高度、檐口高度必须符合现行的《标准轨距铁路建筑限界》规定。雨棚内悬挂物下缘至站台面的高度，不应小于 2.8 m。

高速铁路车站的雨棚主要为无站台柱雨棚。

4. 进出站通道

旅客进出站通道的设置应根据旅客站房设计、旅客进出站流线等情况综合考虑。

旅客进出站通道出入口，应设计为双向出入口，其宽度应符合表 3-5 规定。

表 3-5　旅客进出站通道出入口宽度

名称	特大及大型站/m	中型站/m	小型站/m
基本站台、岛式中间站台	5.0~5.5	4.0~5.0	3.5~4.0
侧式中间站台	5.0	4.0	3.5~4.0

高速铁路车站内不应设平过道。

第三节　高速铁路车站图型

一、高速铁路车站基本图型

（一）越行站

越行站在高速线上的布局，应根据高、中速列车的比例、列车开行方案、高速线需要的通过能力等因素来决定。

图 3-2 为越行站布置图，正线 Ⅰ、Ⅱ 办理高速列车通过，到发线 3、4 办理中速列车待避。由于不办理客运业务，原则上可不设站台。

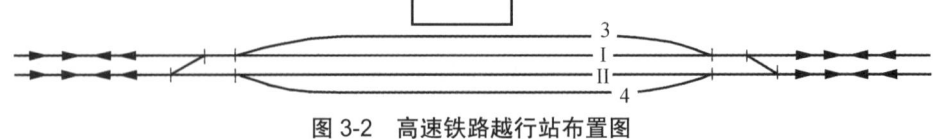

图 3-2　高速铁路越行站布置图

（二）中间站

中间站的布置图有两种：

1. 对应式中间站

对应式中间站的两个站台夹 4 条线，Ⅰ、Ⅱ 道为正线，3、4 道为到发线。考虑到办理四交会的可能，故设两条停车待避用的到发线。这种布置图的优点是站台不靠近正线，高速列车自正线通过时，不影响站台上旅客的安全，站台安全退避距离不必加宽，如图3-3所示。

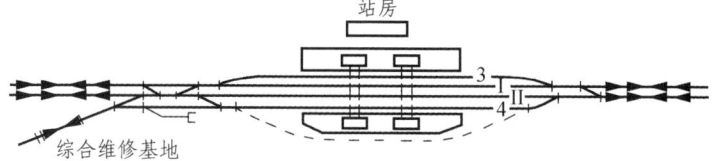

图3-3　高速铁路对应式中间站布置图

2. 岛式中间站

岛式中间站的中间站台靠近正线，Ⅰ、Ⅱ道正线为高速列车通过线，3、4道为待避线。这种布置图的缺点是：当有列车在正线停靠站台时，会影响后续追踪列车通过，降低区间通过能力；另外，由于高速列车通过时受列车风的影响，站台安全退避距离需要加宽以保证旅客的安全，并需设置防护栅栏，如图3-4所示。

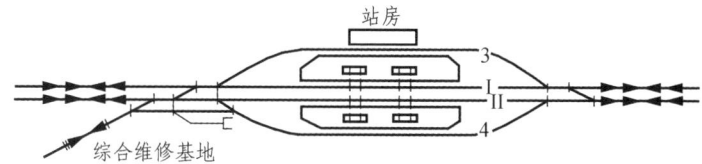

图3-4　高速铁路岛式中间站布置图

根据上述比较，中间站一般以采用对应式布置图为宜。但当有停站的旅客列车较多时，为充分利用站台，也可采用岛式布置图。

为便于高速列车动车组停留折返，在某些有动车组折返停留作业的中间站，要设置3～4条到发线，如图3-5所示。

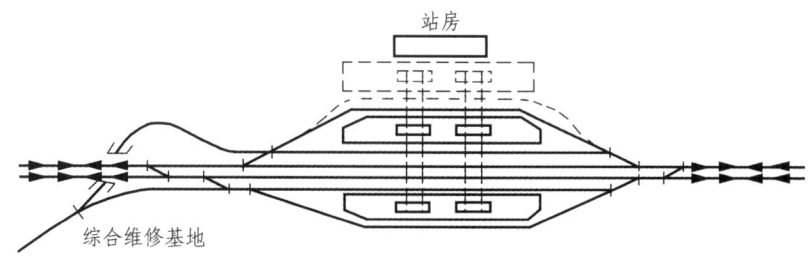

图3-5　有折返作业的中间站布置图

为便于高速铁路设备的维修保养，在高速线的车站上，通常根据工务、电务、供电工区的分布，设置综合维修基地。这种基地应尽量与车站的到发线衔接，以便维修用车的出入。必要时，可采用跨线桥引入车站，如图3-3～3-6所示。

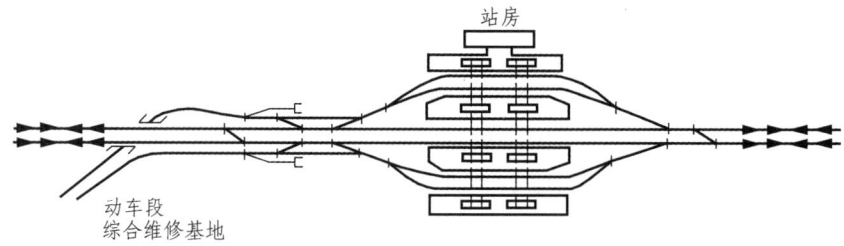

图3-6　高速始发、终到站布置图

(三)始发(终到)站

这类车站设置在高速铁路的起点和终点,位于特大城市的铁路枢纽,主要办理始发、终到高速列车的作业。

新建的高速始发站布置图如图3-6所示,图上设有到发线4条,站台4座。由于没有不停站的高速旅客列车通过,正线可设在靠近站台,并作为到发线使用。始发站应设有与到发线相衔接的动车段(所)或综合维修基地。

二、高速铁路引入既有车站图型

高速铁路的车站与既有客运站合设时,具有下列优点:

(1)既有客运站一般都位于城市中心附近,高铁路车站与其合并设置,便于旅客乘降,有利于吸引更多的旅客乘坐高速列车。

(2)有利于充分利用既有客运站的站场、站房及其他旅客服务设施,节省工程投资和城市用地。

(3)中速列车的旅客可在同一车站直接换乘,无需乘坐市内交通工具,节省换乘时间。

高速站与既有站合设时,有以下几种方案可供选择:

① 高速列车与中、普速列车共用车场。

高速线在枢纽前方站与既有线合并列入枢纽,利用既有正线进入既有客运站,既有客运车场为高速与中、普速列车共用股道。这种方案可大大节省高速线引入枢纽的建筑费用,但由于高速与中、普速系统旅客列车作业交叉干扰,行车指挥与车站作业组织较为复杂,如图3-7所示。

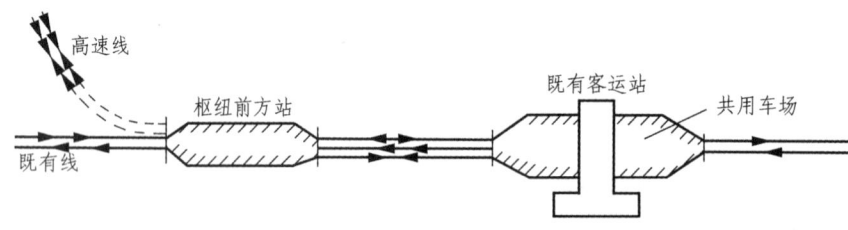

图3-7 高速列车与中、普速列车共用车场布置图

② 高速车场与中、普速车场咽喉互不连通。

高速铁路引入枢纽既有客运站,分别设置高速、中普速车场,两车场咽喉互不连通,高速线直接引入高速车场,高速列车与中普速列车不能直接进入对方车场,高速列车与中普速列车运行成为互不干扰、互相独立的两个系统,如图3-8所示。这种方案仅适应于中速列车不上、下高速线的车站。

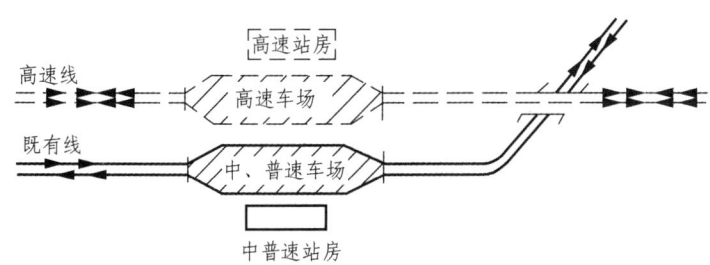

图 3-8 高速车场与中、普速车场互不连通布置图

③ 高速列车车场与中、普速列车车场在同一平面并列合设。

图 3-9 所示为高速线与既有线并行引入既有尽端式客运站布置图，将靠近既有主站房一侧的既有到发线和站台改建为高速列车车场，供接发高速列车之用；与高速列车车场并列的其他到发线和站台作为中、普速列车车场，且在外侧适当扩建，供接发中、普速列车之用。在既有站房对侧，新建副站房，主站房与副站房之间采用高架通廊和地道相连，供旅客进、出站和换乘。两车场的进口咽喉用渡线互相连通。高速列车的动车段以及既有中、普速列车的客车整备场和机务段都有单独的站段联络线相衔接，以保证咽喉区必需的平行进路。这种布置方案适合于以办理始发、终到高速列车为主的高速站。

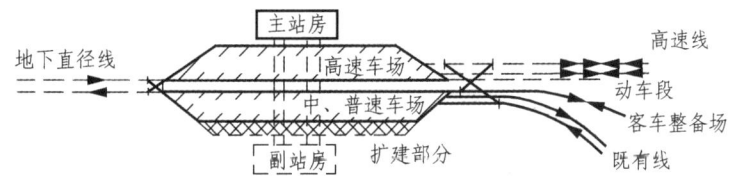

图 3-9 高速线与既有线并行引入既有尽端式客运站布置图

图 3-10 所示高速线与既有线并行引入既有通过式客运站的布置图。既有线在站房一侧，高速线在站房对侧，高速列车车场与中、普速列车车场横列，两车场咽喉用渡线互相连通，高速车场向外适当扩建。为便于高速旅客列车的旅客出入站，采用高架通廊和地道相连。这种布置方案适合于以通过高速列车为主的车站。由于两车场横列布置，两端咽喉区高、中速列车到发进路交叉较严重。

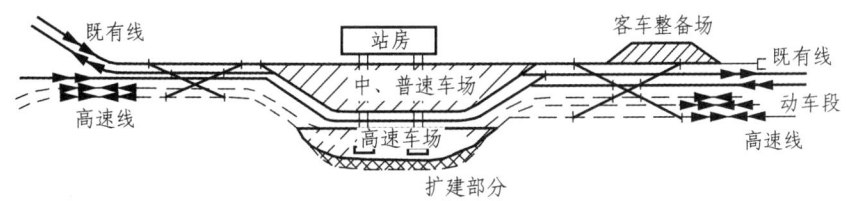

图 3-10 高速线与既有线并行引入既有通过式客运站的布置图

④ 既有站上方设高架高速列车车场布置方案。

图 3-11 所示为高速线高架引入既有站，在其上方设高架高速列车车场，承担接发高速旅客列车和通过车站不停车通过的中速旅客列车任务；桥下地面既有站为中、普速车场，承担接发始发、终到停站通过的中速旅客列车和普速旅客列车的任务。两车场两端采用进站线路立交疏解设备互相连通，以便于中速客车上、下高速线。但当没有中速列车上、下高速线时，两车场之间也可不必连通，以节省工程费用。

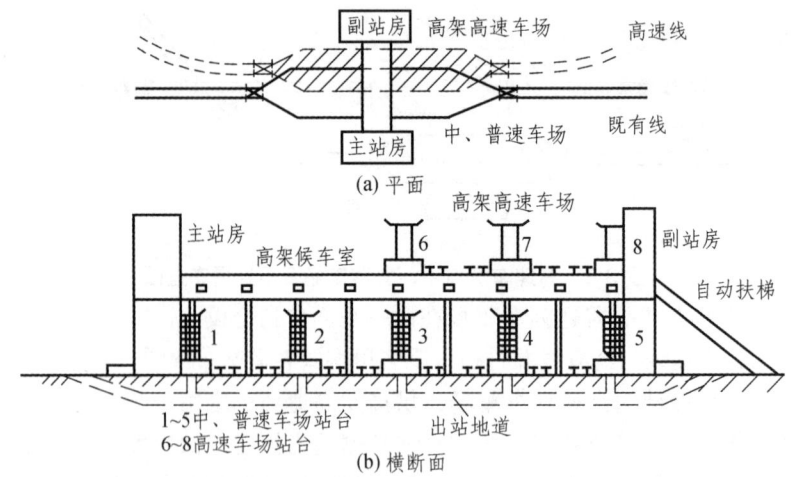

图 3-11 既有站上方设高架高速车场平面、横断面布置图

⑤ 既有站下方设地下高速车场布置方案。

图 3-12 所示为高速线从地下引入既有站,在既有站地下新建高速车场,既有站改建为中、普速车场,其车场的固定用途与图 3-11 所示相同。两车场两端采用进站线路疏解设备相联结,以便中速列车上、下高速线。高速旅客列车的旅客可沿地道和自动扶梯进出站和换乘,中、普速旅客列车的旅客可沿高架候车室和地道进、出站。

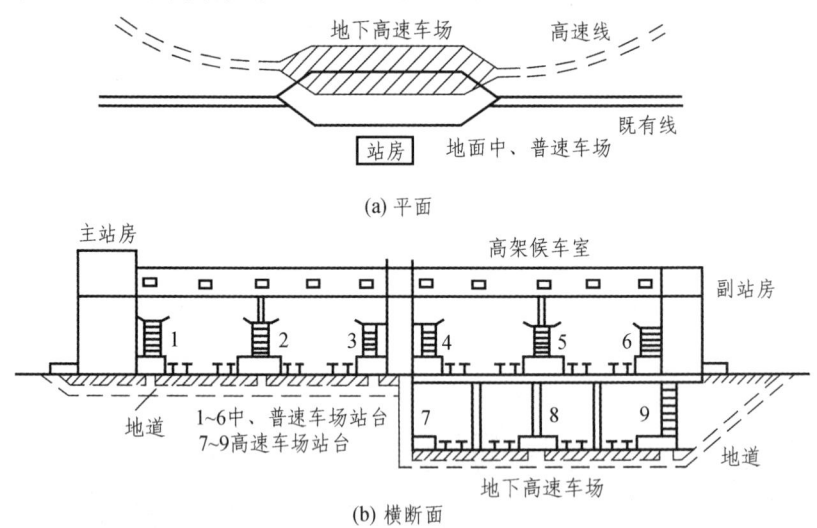

图 3-12 既有站下方设地下高速车场平面、横断面布置图

高速站与既有站合设时,究竟采用何种布置方案,应根据城市规划、既有客运站设备、当地地形地物、高速线引入枢纽的方式以及工程投资、施工难易程度等因素,通过技术经济比选后确定。

三、高速铁路引入既有枢纽的方式

1. 高速铁路引入既有枢纽的要求

高速铁路的起讫点和经由点都位于既有大城市的铁路枢纽,它将对城市规划和枢纽布局

产生重大影响。因此,高速铁路引入既有枢纽时应满足以下要求:

(1)高速线的走向要与城市规划密切配合:高速线的走向应尽量顺直通过枢纽,其技术条件应尽量保证高速列车"高进高出",即尽量不降低速度通过枢纽,缩短市内走行时间;高速线要尽量与枢纽内既有线并行,以免造成对城市的重新分割;要尽量避免与城市干道交叉;要绕避城市居民密集区,不影响城市景观,避免噪声干扰。

(2)枢纽内客运系统要与货运系统密切配合:高速线的引入应尽量不影响既有货运系统(包括编组站、货运站、工业站等)的总体布局,避免货运系统设备的改移。客运系统的进路与货运系统的进路应采用立交疏解布置,避免相互间的交叉干扰。客运系统的布局应不影响货运系统未来的发展。

(3)枢纽内高速站要与其他客运站密切配合:当枢纽内设有两个及以上的客运站时,高速线应尽量引入枢纽内的既有主要客运站,以便吸引更多的旅客乘坐高速列车,同时要保证充分利用既有各客运站的设施,减少改扩建工程,充分发挥既有客运设备的能力;并且要重新调整枢纽内各客运站的分工,制订各客运站接发高、中、普速3种列车的合理方案。

2. 高速铁路引入既有枢纽的方式

高速铁路引入既有枢纽的方式,按其引入线的平、纵断面不同,有平面引入、高架引入、地下引入3种方式;按其引入客运站类别不同,有引入既有站(合设方案)和引入新建站(分设方案)两种方式。现按其引入枢纽内的走向和既有线的关系不同分为并行引入方式、并线引入方式、分线引入方式3种。

四、典型车站简介

1. 北京南站

北京南站为椭圆形车站,分为主站房、雨篷两部分,如图3-13所示。主站房为双曲穹顶,最高40 m,檐口高度20 m,主站房以天坛鸟瞰效果为基本形状,中间设有3个层次,隐喻中国皇家建筑的层次感和地位,体现其文化性。

图3-13 新北京南站鸟瞰图

北京南站共有 5 层，从上到下依次为：高架候车厅以及配合的高架环形车道、站台轨道层、换乘大厅、地铁 4 号线、地铁 14 号线，如图 3-14 所示。两侧雨篷的环型高架桥，主要通行的是出租车和社会车辆，旅客进站可直接进入高架候车大厅。地面层主要通行公交车辆，以及旅客进站。地下一层是换乘大厅、停车场以及旅客出站系统，并且预留了与城市铁路连接的车站，其东西边为旅客出站大厅，另外设上下两层停车泊位。站房南北侧建成下沉式广场，设有公交车始发站和出租车停靠站，南广场设有公交停靠站。

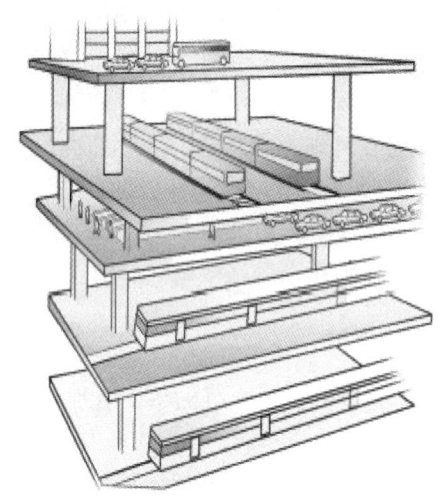

图 3-14　新北京南站立体图

地上两层为高架候车层，是旅客进站层，其中央为独立的候车室，东西两侧是进站大厅，自北向南依次为各候车区。高架候车大厅的 4 个角设有售票办公楼，设置窗口售票机和自动售票机。检票进站也全部由自动验票系统控制。每个站台上都有多部直梯和扶梯，这些电梯将候车大厅，站台层和地下换乘大厅连接为一体。站内共设有上百部电梯，旅客可以通过这些设施无障碍地进出站和到达车站的各个服务区域。其设计充分体现"以人为本、客流为主"的设计思路，方便旅客出行，真正实现了各种交通方式间的"零距离换乘"。

另外，北京南站突出环保、节能等理念，采用太阳能发电。在高架候车厅屋顶设中央采光带，即设置太阳能光电板，太阳能发电系统将在白天开启，辅助解决车站用电问题，在建筑材料及建筑技术上体现了环保、经济的设计理念。

2. 大连北站

大连北站位于大连市北郊南关岭地区，是大连铁路枢纽工程的重要组成部分，也是铁路东北地区的重要枢纽之一，处于哈大高速铁路干线终点。

大连北站外形整体设计的灵感来自"海水侵蚀的岩石"，整体造型就像一块巨大的岩石屹立在白云蓝海之间，随着海水的波动，在巨石表面雕蚀出弧形空间，优美、俊秀、充分体现出北方建筑的雄浑大气及大连的地域特色，如图 3-15 所示。

大连北站南、北广场及交通配套工程是哈大客运专线大连北站的重要组成部分，具有重要的交通集散作用，如图 3-16 所示。大连北站建设面积为 6.85 万平方米，候车大厅 2.4 万平方米，大厅内两侧各增加一个夹层，用于商业服务，售票大厅共有 4 个，每个售票厅内都设有人工售票和自动售票。贯通车站的地下通道连接南北广场还可直接进入地铁车站，站内共设 20 条火车线，10 个站台，设有电动扶梯 56 部，电动直梯 26 部，通往各站台除电动扶梯外，还有步梯，站楼南北各有两座引桥。

图 3-15　大连北站鸟瞰图

图 3-16　大连北站站台

大连北站主要负责高速铁路旅客的乘降，而大连站则主要为普速列车旅客提供服务，最终形成环渤海及国内快速、便捷的输送客运网。

复习思考题

1. 高速铁路车站的主要作业有哪些？
2. 高速铁路车站的作业特点是什么？
3. 高速铁路车站的设计特点是什么？
4. 高速铁路车站如何分类？
5. 高速铁路车站的设备如何布置？
6. 我国高速铁路车站布置图型有几种？分别适用于什么条件？
7. 高速铁路车站和既有车站的设计有何优点？
8. 高速铁路引入枢纽的要求有哪些？常用的引入方式有哪几种？

第四章 高速铁路动车组

第一节 动车组概述

高速动车组是当今世界高新技术的集成,应用了轮轨技术、交流传动、制动控制、列车运行控制、信息工程、空气动力学工程、人体工程、环保工程、可靠性与安全性技术等多个专业领域的研究成果,是高速铁路的标志性装备。

我国自 2004 年 10 月以来,分别引进了法国阿尔斯通 SM3、日本 E2-1000、BSP 和德国西门子 ICE3 等动车组技术,通过引进、消化、吸收,已能生产出具有完全自主知识产权的 CRH(China Railway High-speed)系列动车组,实现了时速 200 km 及以上动车组的国产化,形成集高速动车组制造、检修、运营的配套能力。这标志着中国铁路以此为起点,进入了全新的高速列车时代。

由于我国幅员辽阔,南北气候差异大;东西部经济发展水平不均衡;路网规模大,长途与短途需求各异等,综合考虑上述因素,动车组基本分为两个速度级;时速 200~250 km(CRH_1 型、CRH_2 型、CRH_5 型);时速 300~350 km(CRH_2、CRH_3 型)。

CRH_1 型动车组主要是以加拿大庞巴迪公司的 REGINA 型动车组为原型车,由青岛四方-庞巴迪-鲍尔铁路运输设备有限公司(Bombardier SiFang Power,BSP')生产,用于城际间的中短途运输。

CRH_2 型动车组是以日本新干线(shinkansen)的 E2-1000 型动车组为原型车,由南车集团四方机车车辆股份有限公司通过引进日本川崎重工(Kawasaki HI)技术,最终实现国内制造的。它适用于短途与中长途运输,速度等级为 200 km/h,最高可提升至 300 km/h 以上。CRH_2 型动车组主要置于郑州、济南、上海、南昌铁路局和广铁集团公司范围内(北京以南地区),用于京广线、京沪线和杭州—宁波—深圳间的沿海客运专线,并辐射陇海线。

CRH_3 型动车组是由北车集团唐山轨道车辆有限责任公司引进德国西门子(Siemens)公司 VELARO—E 型动车组技术生产的。它主要配属在时速 300 km 的城际铁路和客运专线上,2008 年 8 月 1 日开通运营的我国第一条高速城际铁路——京津城际铁路就使用 CRH_3 型动车组。

CRH_5 型动车组是以阿尔斯通(Alstom)公司 SM3 型动车组为原型车,由北车集团长春轨道客车股份有限公司负责引进生产的动车组。它适于短途与中长途运输且为高寒适应型,速度等级为 200 km/h,最高可提升至 250 km/h。CRH_5 型动车组主要置于北京、沈阳、哈尔滨铁路局范围内的北方地区,用于京哈线,也可部分开行至济南和郑州、武昌方向。

第二节　动车组的编号、基本组成及主要技术参数

一、动车组的编号及行车标志

（一）动车组的编号

动车组的编号是由动车组简称、技术序列代码、制造序列代码和型号系列代码组成的。型号以 1 位大写拉丁字母表示，表示动车组的技术特点；制造序列代码以 3 位阿拉伯数字表示。

1. 动车组简称

CRH 为中国高速铁路动车组（China Railway High-speed）的英语首字母缩写。

2. 技术序列代码

1——四方-庞巴迪-鲍尔铁路运输设备有限公司（BSP）生产的动车组。
2——四方机车车辆股份有限公司生产的动车组。
3——唐山轨道车辆有限责任公司生产的动车组。
5——长春轨道客车股份有限公司生产的动车组。

3. 制造序列代码

不同的技术序列动车组单独编排，顺序为 001～999。

4. 型号系列代码

按各型动车组的速度等级、车种确定。
A——运行速度 200 km/h，8 辆编组，座车。
B——运行速度 275 km/h，8 辆编组，座车。
C——运行速度 300 km/h，8 辆编组，座车。

以 CRH_1 010 A 为例。其中，CRH 表示中国高速铁路动车组；1 表示 BSP 生产的动车组；010 表示制造顺序第 10 列；A 表示运行时速 200 km，8 辆编组，座车。

（二）动车组中车辆的编号

动车组中车辆的编号是由车种、技术序列代码、制造序列代码和编组顺位代码组成，车种代码以两位大写拉丁字母表示；技术序列代码编写规则与动车组的编号规则相同；制造序列代码编写规则与动车组的编号规则相同；编组顺位代码以两位阿拉伯数字表示，由 1 位头车至 2 位头车的代码为 01，02，03，…，00。

车种代码是汉语拼音缩写，分别为：ZY 一等座车；ZE 二等座车；RW 软卧车；YW 硬卧车；CA 餐车（含酒吧车）；ZEC 二等座车、餐车合造车；CW 餐车卧车合造车。

以 ZE 2 010 00 为例。其中，ZE 表示二等座车；2 表示四方机车车辆股份有限公司生产的动车组；010 表示制造顺序第 10 列；00 表示为尾车。

（三）动车组行车标志

动车组分别在头部及尾部显示列车标志，显示方式昼间与夜间相同，昼间可不显示。其显示方式为：

（1）动车组运行方向首端司机室头灯向前显示白色灯光；运行方向尾部司机室头灯向后显示红色灯光。

（2）动车组无动力回送及被推行时，运行方向首端司机室向前显示白色灯光；运行方向尾部司机室向后显示红色灯光，不用挂边灯。

二、动车组的基本组成

1. 车 体

动车组车体分为带司机室车体和不带司机室车体两种。它是容纳乘客和司机驾驶的地方，同时，又是安装与连接其他设备和部件的基础。为使车体轻量化，高速动车组车体通常采用铝合金和不锈钢材料制造。

2. 转向架

动车组转向架分动力转向架和非动力转向架。动力转向架的车轴可以是全动轴，也可以是部分动轴。转向架置于车体和轨道之间，用来牵引和引导车辆沿轨道行驶，承受、传递并缓和来自车体及线路的各种荷载及作用力。转向架是保证列车运行品质和安全的关键部件。

3. 连接缓冲装置

车辆编组成列车运行必须借助连接装置，即车钩。为了改善列车纵向平稳性，在车钩的后部设有缓冲装置，以缓和列车纵向作用力。同时，车钩还具有连接车辆之间的电气和空气的管路装置。连接缓冲装置可以自动实现机械连接、高压电器连接、辅助系统和列车供电连接以及控制系统连接。

4. 制动装置

制动装置是保证列车安全运行所必需的装置。动车组常采用电气制动与空气制动的复合制动。动车组制动系统包括动力制动系统（再生制动）、空气制动系统（包括风源）、电子防滑器及基础制动装置等。

5. 车辆内部设备

车辆内部设备是指服务于乘客的车内固定附属装置。如车内电气、供水、通风、取暖、空调、座席、车窗、车门、行李架、旅客信息服务系统等。

6. 牵引传动系统

牵引传动系统包括：主电路、高压设备、受电弓、主断路器、其他高压设备、主变压器、牵引变流器、牵引电机及电传动系统的保护等。

7. 辅助供电系统

由辅助供电系统提供供电的设备包括：空气压缩机、冷却通风机、油泵、水泵电机、空气调节系统、采暖设备、应急用电（客室应急通风、应急照明、应急显示）、维修用电、通信及其控制等。

三、动车组主要技术特点

1. 头形流线化

随着列车运行速度的提高，周围空气的动力作用一方面对列车和列车运行性能产生影响；同时，列车高速运行引起的气动现象对周围环境也产生影响。对于高速动车组来说，列车头形设计非常重要，好的头形设计可以有效地减小运行空气阻力、列车交会压力波，提高列车运行稳定性等。

2. 车体轻量化

为了节省牵引功率，降低高速所引起的动力作用对线路结构、机车车辆结构产生的损伤，以及提高旅客乘坐舒适度，需要最大限度地降低高速动车组的轴重。因此，国外各国高速列车车体的主要材料是铝合金和不锈钢，从发展趋势看，铝合金将成为动车组车体的主导材料。

3. 高性能转向架技术

要提高列车运行速度，首先遇到的问题是转向架运行平稳性和安全性。所以，提高列车运行速度的前提是有高性能的转向架。高速转向架应具有高速运行的稳定性、良好的曲线通过性能，以满足乘客乘坐舒适度的要求。

4. 复合制动技术

高速列车的制动能量与速度的平方成正比，因此，传统的纯空气制动能力已不能满足需要。高速列车必须采用能提供强大制动力并能更好利用黏着的复合制动系统。该系统通常由制动控制系统、动力制动、空气制动（包括盘形制动和踏面制动）系统、微机控制的防滑器和非黏着制动装置等组成。

5. 密接式车钩缓冲装置

目前，世界各国高速列车（如日本、德国）普遍采用密接式车钩连接装置。该装置两车钩连接面的纵向间隙一般都小于 2 mm，上下、左右偏移也很小，为提高列车的运行平稳性和电气线路、风管的自动对接提供了保证。

6. 交流传动技术

早期的电力牵引传动系统均采用交-直传动，用直流电动机驱动。但直流电动机的单位功率质量较大，而高速列车既要大功率驱动又要求减轻轴重，这形成了难以克服的矛盾。在交流传动系统中，交流牵引电动机较传统的直流牵引电动机具有结构简单、运行可靠、体积小、质量轻及造价低等一系列优点。交流牵引电动机没有整流子结构对电动机功率的限制，其牵引功率可以得到进一步提高。

7. 列车自动控制及故障诊断技术

列车自动控制系统在高速列车安全运行中起重要作用，世界各国在发展高速铁路时都十分重视列车自动控制系统的研究和开发。

目前，在世界高速铁路上的自动控制方式主要分为两类：一类是以设备为主、人控为辅的控制方式，以日本新干线采用的 ATC（列车自动控制）方式为代表；另一类是人机共用、人控为主的方式，以法国 TGV 高速列车为代表，主要采用有 TVM300 型安全防护系统及改进的 TVM430 型安全防护系统；此外，德国 ICE 高速列车采用的 FRS 速差式机车信号和 LZB 型双轨条交叉电缆传输式列车控制设备等也属于这种类型。

第三节　CRH$_5$ 型动车组

一、CRH$_5$ 型动车组概况

CRH$_5$ 型电动车组是 ALSTOM 公司在 SM3 动车组基础上全新开发设计的一个新产品。该动车组如图 4-1 所示，由 8 辆编组构成。其中，一等座车 2 辆，带酒吧的二等座车 1 辆，带残疾人卫生间的二等座车 1 辆，二等座车 4 辆。一等车座椅采用 2+2 布置方式，二等车座椅采用 2+3 布置方式。带酒吧的二等座车设配餐区和吧区。在一等车和吧区设有娱乐系统。8 辆编组定员为 586 人。

该动车组可在运营需要时由 2 列 8 辆短编组连挂成 1 列 16 辆长编组进行运营。

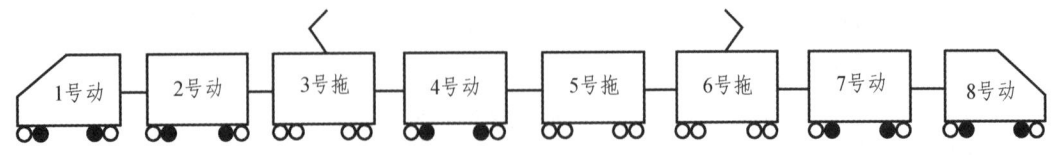

图 4-1　CRH$_5$ 动车组编组图

该动车组由车体、车内设备及装饰、转向架、牵引传动系统、制动系统、空调通风系统、给排水系统、辅助供电系统、列车运行及网络控制系统、旅客信息服务系统等组成。

车体采用轻质铝合金型材和板材制成，与"Pendolino"系列的列车相同。车体强度按照 UIC566、EN12663 标准执行，各车能在 5 km/h 速度的调车冲击下保持正常状态。为最大限度

地减少辅助构件的焊接，底架型材的下部设有"T形槽"，便于固定底架设备并能增加底架的刚度。同样，侧墙和车顶型材也设置"T形槽"，以便安装绝缘材料、内装饰板和设备等。

转向架源于 TAVS 104 转向架。全列车共有 10 台动力转向架，6 台非动力转向架，其中动轴 10 根，拖轴 22 根。动力转向架为单动力轴形式，采用空心车轴，整体车轮，磨耗型踏面，SKF-TBU 锥形滚珠轴承，构架采用焊接结构。电动机向车轴的传动是通过齿轮箱和万向轴实现的。

牵引系统采用交流传动方式，动力配置为 5 动 3 拖的动力分散式，分成两个牵引单元，第一动力单元为（M+M+T+M），第二动力单元为（T+T+M+M），其中 M 代表动车，T 代表拖车，在 3、6 号车上设有受电弓，动车组运行时采用单弓受流方式，另一个备用，在车顶设贯通的高压母线，分别向两个牵引单元供电。牵引单元由主变压器、牵引变流器、异步牵引电机组成。主变压器使用油冷方式，牵引变流器使用成熟的 IGBT 技术。异步牵引电机的功率为 550 kW，采用体悬方式，由万向轴传递牵引力。转向架上只有齿轮箱，大大降低了转向架的簧下重量，改善了动力学性能。动车组牵引总功率为 5 500 kW，轮周牵引力为 302 kN，最高运营速度为 200 km/h，最高试验速度为 250 km/h。

客室空调系统采用车顶单元式空调机组，由两套独立的冷却电路构成（除冷却扇以外），以确保设备发生第一次故障时还可保持 50%正常运转。空调系统配有一个压力保护系统，可保护乘客在列车进入隧道或两列车交汇时免于压力波动的影响。系统通过关闭空调系统的新风口和排风口，保证动车组外部压力波不在车内传播。

采暖系统由空调机组中安装的热阻器和分隔间、通过台及卫生间内的电热器构成。电热器的布置可以保证在车内形成空气对流状态，以充分利用加热功率。

司机室设独立的空调系统，受客车空调系统控制器的控制。司机可以通过安装在驾驶台上的开关设定司机室的温度，设定值在 18～24℃。当整个列车设置成停止加热模式时，即使列车不运行，且室外气温在-36℃时，司机室内的温度仍可通过散热器保持在18℃。

司机室与客室间采用折页门，向过道打开。经过道的出口可通往旅客车厢或外面。司机室外部门采用铝制带隔热层的折页门，带有微动开关可检测此门的开关状态。前窗玻璃采用多层结构，安装带有恒温装置的电加热器，前窗最内层为塑料防碎层。采用固定式侧窗，一体化的多层安全玻璃。

司机室照明采用车顶安装的日光灯，另外还安装了小的卤素灯供司机和助手做时刻表的照明用。司机室座椅设有调整装置，如座位高度和斜度调整器、靠背斜度控制器、扶手可调、座椅可前移及旋转、可根据司机体重调整弹簧悬挂装置等。

播音系统由扬声器网络、电话和车用放大器等部分组成。既可选择向自己所在的单元车组广播，也可选择向全部的多单元车组广播。

车外显示系统可显示列车到达方向、中间站、列车编号和车厢编号等内容。到达方向显示器设置在车厢外部靠近旅客进出的车门处。该显示系统通过与 TTPB 车厢（带列车长室车厢）里的列车长计算机连接的触摸屏用户接口进行控制。

每个客室还配备 2 个车内 LED 显示屏，单排、滚动式、可视面积约为 480 mm×80 mm，将显示下一到站、时刻表、运行速度、车内外温度和可编辑的其他信息。

动车组每辆车在端部的两侧均设有侧门，供司机及乘客上下车使用。每辆车共计 4 个侧门。其中头车端部为司机室侧门，酒吧车客室端两侧为登车门，其余所有其他车辆在每端每侧各设有一个登车门,为移动式电驱动气密封式塞拉门。所有登车门都配有活动脚蹬以方便乘客上下车。车辆的车窗主要包括普通车窗及应急车窗,按不同车辆的要求布置。

不同车型的车内布置不尽相同。整列车通过设置客室走廊、过道、内外端门及相邻车辆的通过风挡形成完整的通道,使全列车所有客室连通。全列车除酒吧车(Tpb)外,各种车型均设有两个卫生间。此外,在列车上还设置大件行李架、饮水机及电器柜等车内设备。

二、车内布置

CRH$_5$ 动车组车辆的内装设计及内装材料的选择具有模块化及轻量化的特点,能够满足高速列车的总体设计及车内布置的要求。

1. 一等车总体布置

CRH$_5$ 动车组设一等车(Mc1、Mc2)两辆,位于列车的两端,为带有司机室的合造车。除司机室外,一等车座席总数为 56,座席采用 2+2 布置。走廊宽度为 600 mm。该车两端分别在左右两侧设有司机室侧门及外侧乘客车门,车辆的两侧设有 7 扇大车窗。Mc1、Mc2 车在车辆一端分别设有蹲式卫生间及座式卫生间各一个。此外,在客室端部还设置有饮水机及大件行李架等。一等车(Mc1、Mc2)侧面外观和平面布置、断面图及客室效果图如图 4-2 ~ 4-4 所示。

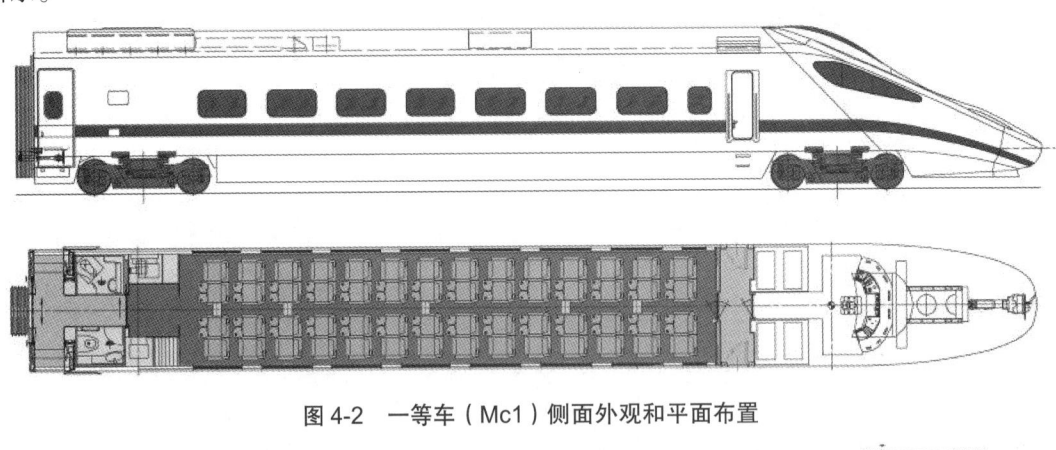

图 4-2 一等车(Mc1)侧面外观和平面布置

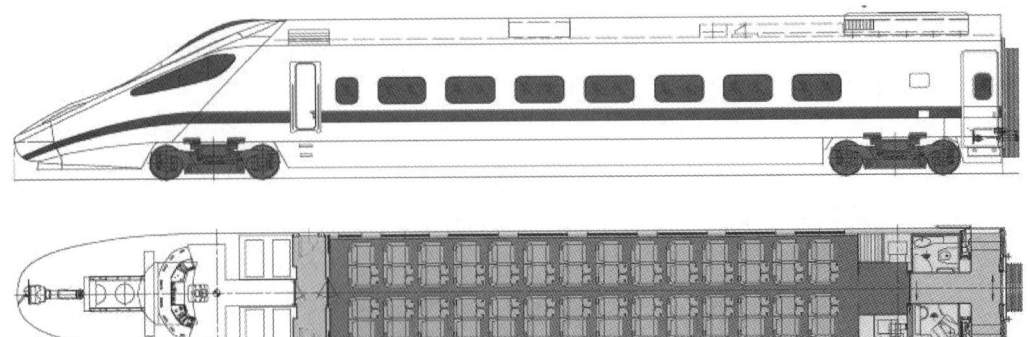

图 4-3 一等车(Mc2)侧面外观和平面布置

图 4-4　一等车（Mc2）车内布置效果图

2. 二等车

CRH$_5$动车组设有 4 辆不同类型的二等车（M2s、Tp、M2、T2）。不同二等车的客室断面布置基本相同。

标准二等车座席总数为 90 个。座席采用 2+3 布置，走廊宽度均为 570 mm。该车两侧各设有两个外侧车门及 7 扇大车窗。二等头车及标准二等车的侧面外观和平面布置、断面图及客室布置效果图分别如图 4-5 和图 4-6 所示。

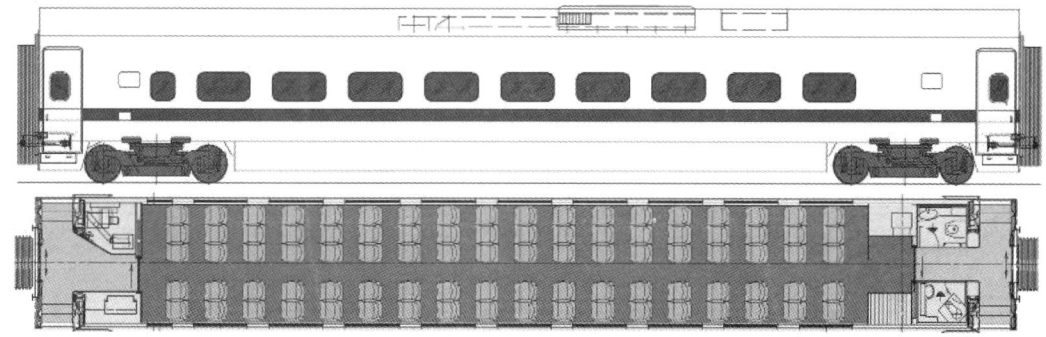

图 4-5　二等车（M2s、Tp、M2、T2）客室平面布置图

图 4-6　二等车车内布置效果图

3. 带残疾人卫生间的二等车

CRH$_5$ 动车组设有一辆带残疾人卫生间的二等车（Mh）。Mh 车的座席总数为 74，座席为 2+3 布置。走廊宽度为 570 mm。该车两侧各设有两个外侧车门及 9 扇大车窗。Mh 车上除设置有一个残疾人卫生间，还设置有一个蹲式厕所。Mh 二等车的侧面外观及平面布置如图 4-7 所示。

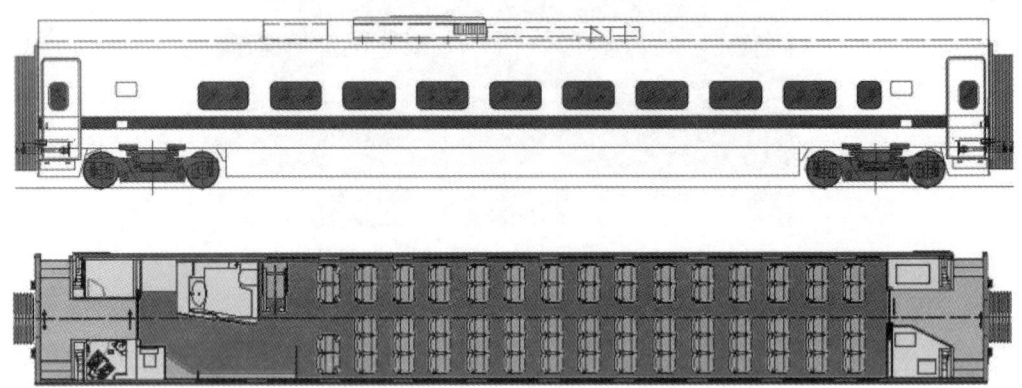

图 4-7 带残疾人卫生间的二等车（Mh）平面布置图

4. 酒吧车

CRH$_5$ 动车组设有一辆带酒吧的二等合造车（Tpb）。Tpb 车的客室座席总数为 40，座席采用 2+3 布置。走廊宽度均为 570 mm。该车在两侧安装有供餐厅使用的餐车上货门，在客室端部两侧各设有外侧车门。车辆两侧分别设有 6 扇及 8 扇大车窗。Tpb 车不设置卫生间。带酒吧的二等合造车平面布置如图 4-8 所示。

列车长室设置在酒吧区的端部。在酒吧区还设置有送餐小车存放处、储藏间、水箱、厨房、站立区域及餐车客室等。在 Tpb 车客室的另一端还设置有电器柜。

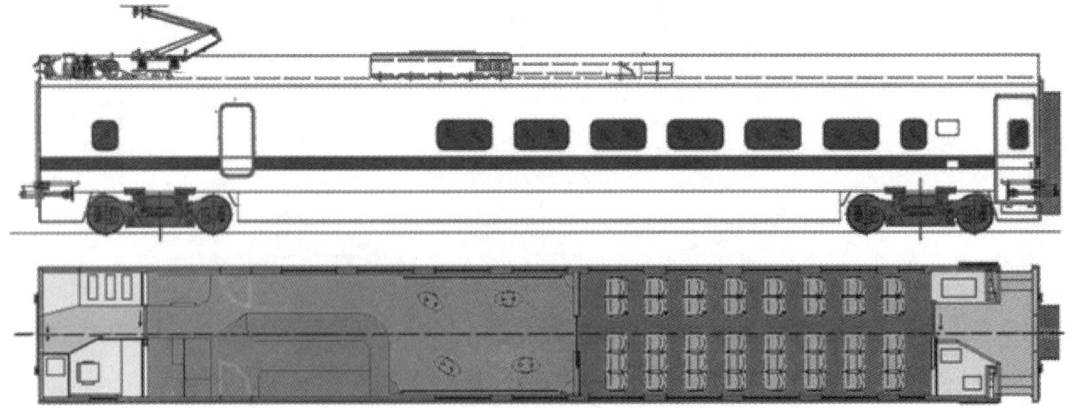

图 4-8 酒吧车（Tpb）平面布置图

三、登车门

CHR$_5$ 动车组每辆车在端部的两侧均设有侧门，供司机及乘客上下车使用。每辆车共计 4

个侧门。车辆 Mc1，Mc2 和 Tpb 仅设有 2 个登车门，其中端部车辆 Mc1，Mc2 设置司机室侧门，酒吧车客室端两侧设登车门，其余所有其他车辆在每端每侧各设有一个登车门。

该动车组的侧门采用高速车单开式塞拉门，按照 UIC560 设计，为气密型电动塞拉门。在"打开"位置，门的净开度为 800 mm。

为方便乘客上下车，所有登车门都配有活动式脚蹬并安装有可人工操作自动伸缩的折叠式踏板。乘客可以分别从高度 500 mm 及高度为 1 250 mm 的站台上车。

（一）登车门组成及技术特点

登车门系统主要由门板、门上部运动机构、下导轨、门控单元、门开关按钮、紧急开门装置、门锁闭和隔离装置、活动脚蹬等组成。门板、手柄、门锁以及门机构可以满足承受±6 kPa 的空气动力荷载和 800 N 作用于门板中央集中力的结构强度要求。

门机构、门板、门控器、门框组成采用模块化设计。采用整体单元式门框，安装方便，易于维护保养；并具有如下的设计创新：密封采用压紧方式而非充气方式，局部密封损坏时对整体密封性影响小，压紧密封对乘客无人身危险，且具有良好的低温密封性能。门板与门框之间采用双唇加压密封方式，能保证气密性。压力损失在实验室从 6 000 Pa 减少到 1 000 Pa 至少需要 20 min。门板隔热、隔音性能优异，门板内发泡处理，K 值为 3.5 W/（$m^2 \cdot K$），噪声衰减值为 31 dB（A），能满足列车速度升级到 300 km/h 的要求，具有良好的技术储备。

（二）门控原理

电动塞拉门可以使用门控单元 MDC-24DMVB-IO（主要门控单元）或者 MDC-24-IO（局部门控单元）进行控制。

车辆 Mc1、Mc2 和 Tpb 仅有 2 个登车门。每辆车的所有门控单元都是用一个 CAN 接口连接到一起，主门控单元是通过一个 MVB 接口与列车控制单元连接到一起。门控单元接收到来自列车控制单元的功能信号和命令，主门控单元将所有门控单元的不同状态信号和诊断信号传递到列车控制单元。门控单元将依据局部门控命令（如内部/外部乘客打开按钮）和列车控制信号（如门缓解等）打开和关闭塞拉门和台阶。门控单元（MDC-24DMVB-IO 或者 MDC-24-IO）是可编程的，可以使用一个主要门控单元替代局部门控单元，但是不可能使用一个局部门控单元替代一个主要门控单元。

（三）门的操作使用

列车侧门的开关可以由司机、乘务人员及乘客来控制，但级别与权限有很大的区别。

1. 司机室控制车开关门

司机驾驶台设置的按钮及其功能：
（1）司机台左侧：允许列车左侧门打开、能打开列车左侧门、能关闭列车左侧门。
（2）司机台右侧：允许列车右侧门打开、能打开列车右侧门、能关闭列车右侧门。

2. 乘务员控制车门开关

每个门配备一个带 3 个位置的受弹簧力作用的电气开关，三角钥匙可以操纵这 3 个位置。开关位于车门廊内靠近门的位置。当开关被从 0 位扳到 1 位或 2 位然后松开的话，它将因弹力回复到 0 位。

开关具有以下几个位置：

0 位：空位，车门控制器服从电子连接器命令。

1 位：顺时针方向，除了所操作的门保持打开以外，所有列车门都被关闭和锁紧。该门可以通过按压按钮来关闭；当 1 位指向不能开的车门时，打开按钮可以激活，车门可以被打开一会儿。

2 位：逆时针方向，在这一侧的列车门允许打开。

3. 乘客控制车门开关

车门的外侧和内侧均配备有乘客操作按钮，该按钮在门允许打开的情况下才能开门。作为对乘客的信息，开启按钮包括一个灯，当该灯亮时表示门能够被打开。所有车门的打开是由司机室中的列车司机激活的。

旅客还可以通过车内的一个关闭按钮来关闭车门，该按钮安装在门廊靠近门的位置。

（四）紧急开车门

在车门的内外两侧装有紧急开车门装置。

1. 车内紧急开车门

如果列车速度低于 15 km/h 时，车内紧急开门设备有效；当时速高于 15 km/h 时不允许打开紧急开门设备。紧急操作是由以下 2 个动作组成：

（1）旅客按压一个密封的按钮或乘务员使用三角钥匙旋转开关。

（2）拉机械手柄，打开车门。

2. 车外紧急开车门

车外设有紧急开车门装置，无论是否有电，所有车门都能从车外打开。

（五）自动关门控制

除了上述关门方法以外，车门控制系统还配备有自动关门系统。目的是在冬季客室加热以及夏天客室开放空调时减少能量损失。自动关门是基于传感器的，该传感器能够监控乘客通过的门间隙区域。在收到开门命令后，定时器（有时间设定）启动。当过了设定时间并且门区域没有观测到乘客时，车门控制器把门关上。

（六）车门锁闭及安全和控制

门和活动脚蹬的操作安全要求可归纳如下：

当列车加速到 5 km/h 或更高速度时，取消开门控制功能，车门自动关闭，以确保行车安全。当列车减速到 5 km/h 或较低速度时，在司机给出开门指令情况下乘务员可以操纵开门和开门控制，以便乘务员处理意外情况以及停车时方便乘客上下车。

在开门阶段，如果活动脚蹬没有到达正确位置的话，不允许开车门。在关门阶段，如果车门没有被正确关闭的话，不允许活动脚蹬返回。

车门边缘配备有一个传感元件，在关门过程中门和门框之间有人或障碍物的情况下车门会立即重新打开。门将在大约 5 s 后自动重新关闭。重复进行直到障碍物被移走。

脚蹬配备遇障碍物阻碍打开时能够再关闭的收回装置；如果在打开脚蹬过程中监测到障碍物，脚蹬收回并且再试图打开，尝试 3 次后，脚蹬重新收回，并等待新的打开指令。

脚蹬提供收回装置，当作用在脚蹬上的重量超过 300 N 时，装置可以阻止脚蹬的关闭。如果在收回脚蹬过程中监测到障碍物，脚蹬回复到全打开的位置，并试图再收回。

重复数次（可设定）后，脚蹬停止并发出错误信号，蜂鸣器发出声音信号。

（七）车门的"不工作状态"

当车门或脚蹬出现故障，或由于工作需要要求其不工作时，乘务员必须使门设置在不工作状态（把门隔开）。

可以用三角钥匙旋转门页上的"不工作"锁。当旋转锁时，"不工作"锁启动机械闩锁，当门完全关闭后门就被锁上。同时，这将引起：

（1）车门功能被切换到关状态。一个限制开关将"车门和脚蹬关闭"循环的电子接触分开。

（2）车门上的"车门不工作"灯亮。电回路监测列车所有的门和脚蹬（包括维修车门和餐车门）是关闭且锁着的。在这种场合下，只要车门的失效不影响设备功能的执行就可以进行车门的压力密封。

（八）门故障诊断及运用维护

车门控制单元包括 MVB 接口，以便与列车控制和管理系统进行所有诊断信息通信。离线诊断时，将笔记本电脑连接到车门控制器，就可以在计算机显示器上看到诊断信息以及输入输出状态。诊断系统的目的是按照规范，监控门的运行，自动查明失效的功能，并将这些指示给操作人员（设置门停用）或维修人员（定位和维修故障）。为了诊断，门控制单元可提供：

（1）监控门功能的诊断软件模块查明非正常情况。如果出现了诊断编码，门控单元上的红色发光二极管通过闪烁编码显示"错误"。门控单元的硬件出现故障或系统存储器中缺少软件时，红色发光二极管通过恒亮显示"错误"。

（2）若出现了优先级为 A 的诊断编码，其将会通过故障显示连线汇总显示出来。

（3）使用笔记本电脑和诊断软件 DIAGV3 能够存储和读取门控制单元的诊断信息。

（4）诊断数据又可通过门总线系统传送到中央控制单元。

（5）输入输出 LED 显示：控制单元面板上的 LED 可在没有任何附加测量设备的情况下对门系统进行简单检查。可显示的情况有：

·门的关闭和锁定（黄色）
·内部供电"5VDC"（绿色）
·故障指示"错误"（红色）
·安全继电器断开（绿色）

四、端　门

CRH₅动车组设置有内、外端门。内端门的设置使得过道与乘客区分开；外端门位于车厢的两端，将车厢之间分隔开，以保证各车厢之间的相互独立性。

（一）外端门

CRH₅动车组外端门采用电动控制滑动形式的对开式双页门。该门具有10级的防火屏障，可以对火灾的蔓延进行足够好的控制；外端门采用机械三角锁进行门的锁闭，并带有隔离按钮。外端门的组成如图4-9所示。

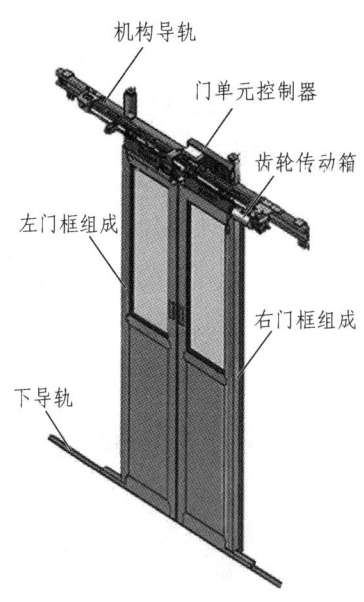

图4-9　外端门组成示意图

1. 外端门的结构及技术特征

外端门为两扇滑动型门，净开度850 mm×2 000 mm。如果门关闭碰到障碍，通过安全设备的电气控制可以重新打开门。

外端门的开启由按钮控制，门扇配有窗户。门可以在全开或全闭条件下锁闭，所有外端部门都具有防火性能，在发生火灾的情况下，能够确保火灾在10 min内不扩散到相邻车辆。

外端门结构和材料能够保证当外部温度为-25℃时通过台处至少达到+15℃的温度。

外端门固定于导轨支架上，导轨支架具有足够的调整余量，便于固定和维护；这些支架可以承受纵向 5 g（重力加速度）的荷载及其他方向 3 g 的荷载。

2. 开门和关门控制

当乘客按动门扇两侧的按钮时可以打开外端门。

外端门的关闭可以在延时大约 20 s 后自动实现，关门动作在开门按钮被释放后启动。

在电气故障的情况下，能够从门的任何一侧通过机械断开供气并释放最终锁闭系统来手动开门。这两个释放把手（一个在通过台一个在过道）位于门上的平顶板上。

乘务员可用三角钥匙从通过台和过道处把门锁放置在打开或关闭的位置。

为防止乘客在门操作区域被夹，外端门的门扇装备有传感边框，这些边框在关门过程中对门扇之间保留任何障碍物的情况下立即激活再开门，在大约 5 s 后门将自动再关闭；这种关门循环将重复 5 次，如果门仍然不能关闭，则故障信号发出并停止关门的操作大约 120 s，在这个时间延时后，关门循环将再次启动。

当供气或供电时，外端门不会突然移动或冲动，以避免对人的危害及对门系统的损坏。

（二）内端门

CRH$_5$ 动车组内端门采用电动控制滑动形式的单扇门。内端门可将过道和客室分开；内端门采用机械三角锁进行门的锁闭，并带有隔离按钮。内端门组成如图 4-10 所示。

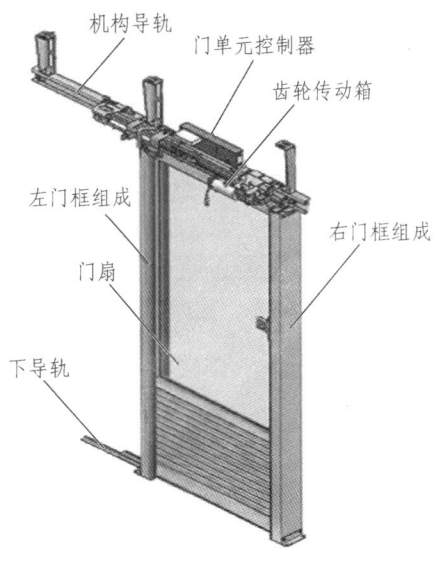

图 4-10 内端门组成示意图

1. 内端门的技术特性和特点

内端门为电气控制的滑动式单扇门，门的开启由按钮控制，门扇配有安全固定窗户，内端门可以在全开或全闭条件下锁闭；门框和门下部隔栅为轻合金材料。

内端门固定于导轨支架上，导轨支架具有足够的调整余量，便于固定和维护；这些支架可以承受纵向 5 g 的荷载及其他方向 3 g 的荷载。

2. 开门和关门控制

当乘客启动位于门板两侧的按钮时，内端门打开，经过 20 s 延时，内端门自动关闭。如果发生电气故障，门能够从两边手动关闭。通过台侧和客室侧各设一个释放按钮，释放按钮位于门上方。乘务员可使用乘务员钥匙，从通过台一侧或者客室一侧将门锁定在打开或关闭位置。为了避免当门开始关闭时还有人停留在门的操作区域之内并将乘客夹在门板之间，门板配备传感边框，万一在关闭过程中门板之间有障碍物，传感边框立刻启动重新打开功能。门在 5 s 之后将会自动关闭。关闭循环将会自己重复 5 次。如果门仍旧不能关闭，就会给出"故障"信号，操作将会中断 120 s。

当供气或供电时，内端门不会突然移动或冲动，以避免对人的危害及对门系统的损坏。

五、车　窗

CRH₅ 动车组客室共设置 3 种车窗，均为全密封固定车窗，按其大小及用途可分为普通车窗、应急车窗及小车窗。全列车设置有 99 个普通车窗、32 个应急车窗及 17 个小车窗，共计 148 个车窗。其中每辆车有 4 个应急车窗，分布在客室两端。

1. 普通车窗

普通车窗如图 4-11 所示，由玻璃、玻璃铝框、安装框及密封胶等组成。采用双层安全中空玻璃，车窗设计达到所要求的压力气密性。玻璃的外层为彩色（灰色）夹层玻璃，内层为钢化玻璃。两层玻璃之间进行了密封，并填充了氩气，提高了车窗玻璃的隔音和隔热性能。外面玻璃的内部边缘有一圈黑色丝网印刷，能有效阻挡紫外线对黏结剂的加速老化。车窗的外层玻璃与车体侧墙的连接处用密封胶填平，以减少列车运行的空气阻力。

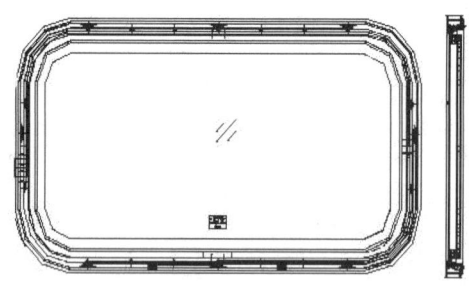

图 4-11　普通车窗

2. 应急车窗

应急车窗如图 4-12 所示，与标准车窗的结构和安装方式相同，其主要区别在于应急车窗上部中间区域设有红色敲击点。红点周围是荧光增白剂圆，即使没有照明时也可以看到该位置。

为保护旅客安全，每辆车在客室的两端设有 4 个应急车窗。在应急车窗上方行李架上装有安全锤，使用安全锤可以迅速敲碎应急车窗玻璃，方便旅客逃生。敲碎应急窗玻璃的时间小于 20 s，敲碎玻璃所用的力介于 70 N 和 100 N 之间，无论在车内外均可敲碎玻璃。

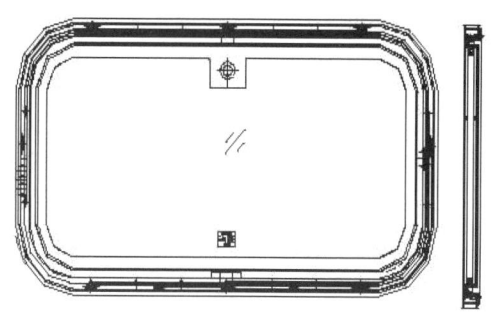

图 4-12　应急车窗

六、座　椅

座椅是旅客列车的主要设备之一，CRH_5 动车组的乘客座椅按车辆等级和用途可分为一等车座椅、二等车座椅。

一等车座椅设置于一等车上，共计 56 个，座椅安排为 2+2 模式。座椅舒适度平均使用时间为 180~240 min。

一等车座椅主要由底架、坐垫、靠背、头靠、扶手、传动机构、茶桌、脚蹬、书报网、支腿、座位牌、视听模块、衣帽钩等零部件组成。一等车座椅的正面及背面布置如图 4-13 所示。

图 4-13　一等车座椅的结构组成

二等车座椅设置于二等车上，座椅安排为 2+3 模式，布置比较紧凑。对于各种不同的二等座车，由于平面布置不同，其座椅的数量也不相同。此外，在某些二等车的端部还设置有单人或双人的二等车座椅。二等车座椅的舒适度平均使用时间为 180~240 min。

二等车座椅主要由底架、坐垫、靠背、头靠、扶手、传动机构、茶桌、书报网、支腿、座位牌等零部件组成。二等车座椅的组成及尺寸等参数与一等车座椅略有不同，其正面及背面布置如图 4-14 所示。

图 4-14　二等车座椅正面及背面布置

七、行李架

CRH$_5$ 动车组车内共设置两种行李架，供旅客存放随身行李使用。不同的车型配置不同类型的行李架。一等座车配置带阅读灯的行李架，二等座车行李架无阅读灯。在酒吧车的吧台站立区域还配置有行李架罩板，行李架罩板只起装饰作用。此外，CRH$_5$ 动车组车内还设有大件行李存放区。不同行李架及行李架罩板的效果图如图 4-15～4-16 所示。

图 4-15　标准行李架效果图　　　　图 4-16　吧台车的行李架罩板

CRH$_5$ 动车组沿客室纵向安装行李架，行李架具有以下特点：

（1）行李架托板采用镂空设计，乘客可从下面看到存放的行李。

（2）行李架托板前端为铝型材压条，突起部分可防止行李掉下；行李架外露部分为阳极氧化的铝型材和喷漆的面板，易于清洗。

（3）行李架托板前端的缓冲条以及后墙板上的防撞条可以承受行李的碰撞和刮擦。

（4）一等车行李架底板上设有可调整角度的阅读灯。

（5）行李架上部与车顶型材滑槽固定，侧部通过螺栓与固定在侧墙上的行李架支座连接，安装简单，定位容易。

（6）每个行李架模块之间互不相连，两端采用硅橡胶条对接，具有良好的吸音降噪功能。

八、卫生间

CHR₅全列车酒吧车（Tpb）不设置卫生间，带残疾人卫生间的二等车（Mh）设有残疾人卫生间及蹲式卫生间各一个，其余各车厢均在客室一端左右两侧分别设置两个卫生间。卫生间有蹲式卫生间和坐式卫生间两种，蹲式卫生间设蹲式便器，坐式卫生间设坐式便器。全列车共设置3种类型14个卫生间。CHR₅动车组的各种卫生间均由模块式结构组成，卫生间相对于车体结构是一个独立的模块。3种卫生间由于结构形状、尺寸及功能的不同，卫生间模块的组成也有差异。

CHR₅的各种卫生间均设有独立的供水、供电、供气及空调系统。这些系统通过液压、电气、气动及空调接口等与列车相连。这些接口的设置便于列车维修人员进行故障诊断及维修。列车设有卫生间的主控制面板，负责监控卫生间系统的状态。

蹲式卫生间门是摆动式的。旅客可从卫生间内部通过把手锁闭或开锁；卫生间内无人时，旅客可从卫生间外部通过把手开锁。乘务人员可以通过标准三角钥匙从外部锁闭或开锁。在不使用的情况下，卫生间门也可以通过卫生间控制装置自动锁闭。此外，卫生间门板上装有通气格栅，在卫生间内的地板上安装有门挡，以避免门与卫生间内墙相撞。为方便旅客使用，在门把手附近安装有卫生间显示信号（没人、有人），以显示门的锁闭情况。图4-17所示为"厕所有人"符号标志。

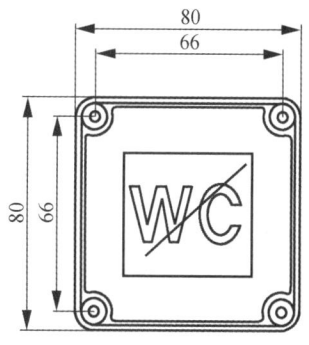

图4-17 "厕所有人"标志

为更好体现人性化的设计及使用上的方便性，残疾人卫生间配有电控自动门系统。该自动门系统的组成包括：机械结构；门电子控制单元；门板；门锁开/闭锁按钮（室内）；机械锁闭装置（门板上）；2个开门/关门按钮（1个室内，1个室外）；2个门解锁三角钥匙（室外）；2个紧急按钮（1个室内，1个室外）。这些设备由门控制单元控制，可以方便使用并用来排除一些障碍。操作这些设备可以实现下列功能：

1. 开门/关门（内部、外部）按钮

当门关着的时候打开门；当门开着的时候关闭门；当正在关闭的时候打开门；当正在打开的时候不会关闭门；当门开着的时候，如果操作了打开/关闭按钮，20 s之后，门将再次关闭；如果门被电动锁闭或关闭，内部的按钮可以释放门锁并打开门。

2. 锁闭/释放内部按钮

当门关闭且未锁闭时可锁闭门；当门关闭且锁闭时可释放门锁；当门锁闭时，传送到卫

生间控制单元发出闭锁信号并点亮外面的厕所占用指示灯；当门缓解时，传送到卫生间控制单元的信号消失。

3. 机械锁闭

用三角钥匙转动门上的锁孔实现机械锁闭的功能。

由列车员使用三角钥匙将门机械地锁闭；向门控单元发送电子信号用于诊断；门控单元将会禁止打开/关闭按钮并向卫生间单元发送一个门的故障信号。

4. 卫生间故障

一旦卫生间发生故障，门将被关闭并电动锁定，室内打开/关闭按钮仍然可以工作，但室外按钮不工作。带三角钥匙的特殊电子开关用于当卫生间发生故障而将门锁闭的时候可以从外面打开门或使用内部锁闭按钮打开门。

5. 门故障

一旦门发生故障，卫生间则停止使用。

6. 紧急按钮与 SOS 干涉

卫生间内在靠近便器和盥洗盆处安装有 2 个紧急 SOS 按钮。该按钮受到防罩保护，用于切断接到门系统的电源。SOS 按钮的启动缓解门的锁闭。按下此按钮可以手动移动门。当操作 SOS 按钮的时候，门控单元将会接收到一个信号。如果门处于锁闭状态，门控单元将可以通过打开/关闭按钮打开门。紧急求助 SOS 按钮标志见图 4-18。

图 4-18　紧急求助按钮

7. 车门运动受阻的安全功能

如果在开门过程中门的运动受到阻碍，安全功能将会反转方向，门就会完全关闭。开门运动在关闭之后立刻开始。程序将会计算门尝试打开的次数。如果门尝试打开的次数超过设定的极限次数（3 次），门将会停止在阻碍处并保持在原位置。门可以自由地移动。

如果门的运动在关闭过程中受到阻碍，安全功能将会反转方向，门完全打开。关闭运动将在打开保持时间 20 s 结束之后开始。程序计算门尝试关闭的次数。如果尝试次数超过设定的极限次数（3 次），门将会接近完全打开并保持在原位置，门可以自由地运动。稍后，系统将尝试再次打开或者关闭门。

九、餐饮设施

CRH$_5$ 动车组的 Tpb 车在中部设置一个小型配餐室,可为旅客提供快餐食品。
配餐室的餐饮设备包括:
1 套压缩机 – 冷凝器单元;
1 台冷藏玻璃柜;
1 台带有 8 个抽屉的冷藏柜;
1 台冰柜;
1 台立式冰箱,包含 1 个冷藏室和 1 个冷冻室;
1 台立式双门冷藏柜;
1 个带有供水管路和热水器的洗盆;
1 台消毒柜;
1 台微波炉;
1 台对流式烤箱;
啤酒/饮料冷却和分配系统包括:
3 个水嘴(1 个用于啤酒 2 个用于软性饮料);
1 台饮水机;
1 个小推车存储区;
2 个可加热小推车;
1 个普通小推车。
配餐室餐饮设施的平面布置及效果图如图 4-19 ~ 4-20 所示。

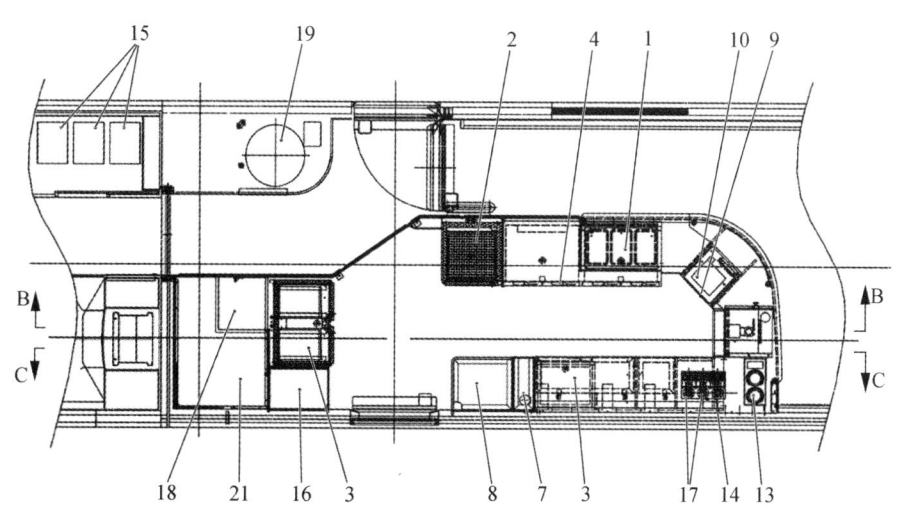

图 4-19 配餐室平面布置

1—玻璃展示柜;2—立式冷藏冷冻箱;3—独立冰柜(挨着 16 的是双门冰箱);4.8—抽屉冰箱;7—清洁箱;
8—洗池(带温水箱);9—垃圾筒或加热风机;10—收银机;13—热水机;14.17—啤酒/软饮料分配系统;
15—左侧两个是可加热小推车,右侧是中性小推车,外部为存储区;16—储藏柜;18—电气柜;
19—水系统控制板和水箱

图 4-20 配餐室效果图

十、车厢的隔音隔热

1. 车厢的隔音

CRH_5 动车组对车内噪声的控制措施通过以下诸方面实现。

(1) 车体的隔音材料与措施。

司机室头壳内部满铺隔音材料（司机室措施同其他车）；

各车型底架转向架上部外部噪音的区域铺设隔音材料；

车顶有受电弓区域内部铺设隔音材料，与受电弓相邻车车顶端部铺设隔音材料；

隔音材料隔音特性：减音 11dB（A）；

隔热材料是纤维类兼具吸音性能。

(2) 动车组塞拉门的门板与门框之间采用双唇加压的密封方式，能保证气密性，压力损失在实验室从 6 000 Pa 减少到 1 000 Pa 至少需要 20 min；门板内部为发泡结构，隔音性能优异，隔音值为 31 dB（A），能满足列车速度 250 km/h 以上的隔音降噪要求。

(3) 车窗玻璃采用 3 层安全中空玻璃，外层玻璃为夹层结构，外层玻璃与内层玻璃之间有空气间隔，外层玻璃周圈与钢结构之间涂密封胶，设计达到所要求的压力气密性。对车外的噪声能有效地阻隔，通过试验的检测隔声量为 42 dB（A）。

(4) 风挡采用双层棚布缝制密封结构，风挡铝型材与车体安装面采用双层密封条，确保风挡隔音值大于 34 dB（A）。

2. 车厢的隔热

CRH_5 动车组的车厢隔热设计可达到：平均隔热系数 <1.5 W/(℃·m²)（列车静止和无风）。

第四节　CRH380B 型动车组

一、总体概况

CRH380B 高寒动车组以 CRH380BL 为基础，各系统结构及功能基本保持不变，针对高寒运用环境（哈大客运专线）作适应性优化。该动车组源于西门子公司 ICE、Velaro E 动车组平台，借鉴 CRH_5 型动车组在高寒地区的运用经验，结合高寒地区的气候特征，完全自主创新的产品。

CRH380B 高寒动车组为 8 辆编组，4 动 4 拖，采用交-直-交传动方式，由 2 个牵引单元组成。动车组具有良好的气动外形，两端为司机室，列车正常运行时由前端司机室操控。主要技术参数见表 4-1，第一阶段编组情况如图 4-21 所示。

表 4-1　主要技术参数

序号	技术参数	参数值
1	设计运营速度	350 km/h
2	动车组长度	约 200 m
3	车体宽度	3 257 mm
4	车辆高度	3 890 mm
5	动车组定员	551 人（二阶段 591 人）
6	牵引功率	9 200 kW
7	轴距	2 500 mm
8	最大轴重	17 t
9	供电制式	25kV，50Hz
10	制动距离	小于 6 500 m（350 km/h）
11	平直道上 0～200 km/h 平均加速度	>0.4 m/s^2
12	运用环境温度	-40℃～+40℃
13	动车组启动条件	在-25℃以下环境无电存放后，需牵入暖库，待主要电气设备温度高于-25℃时可以启动

CRH380B 高寒动车组采用 8 辆的编组，列车由 1 辆一等头车、1 辆二等头车（观光区为一等座）、5 辆二等座车（其中 1 辆带残疾人卫生间）和 1 辆餐车组成，如图 4-22～4-26 所示。

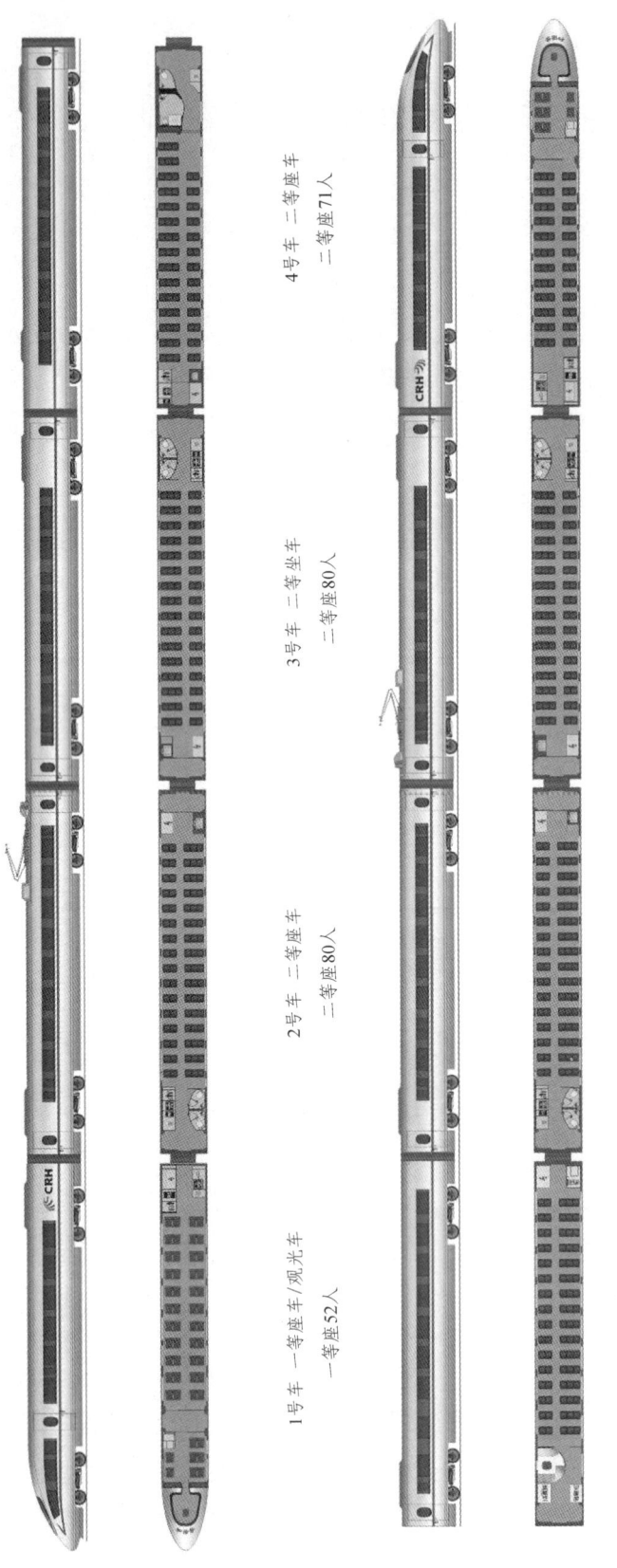

图 4-21 CRH380B 型动车组编组

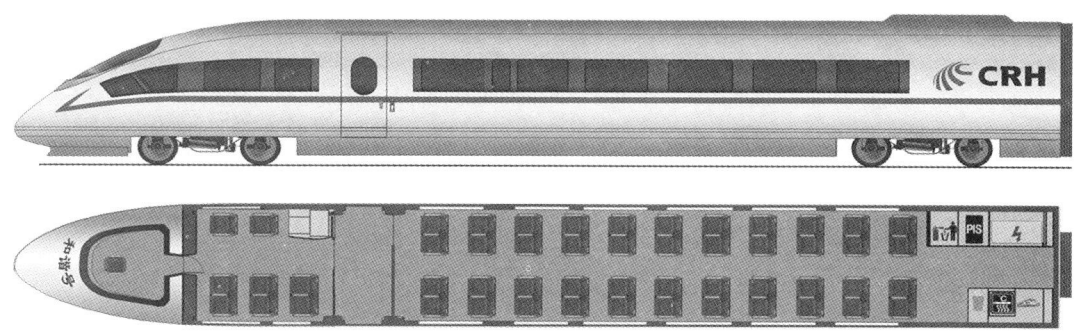

图 4-22　一等头车（1 号车定员：一等座席 52 人）

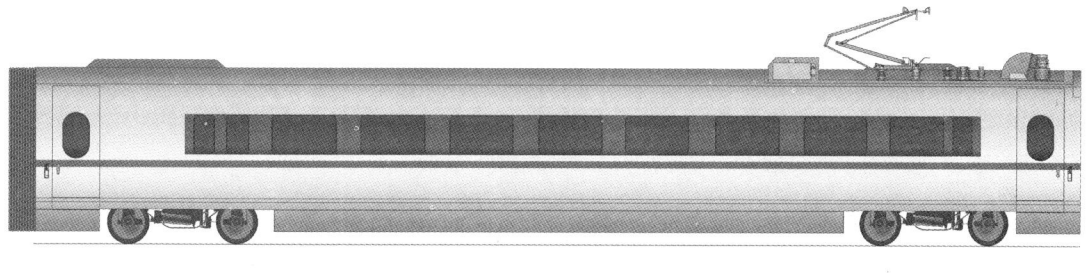

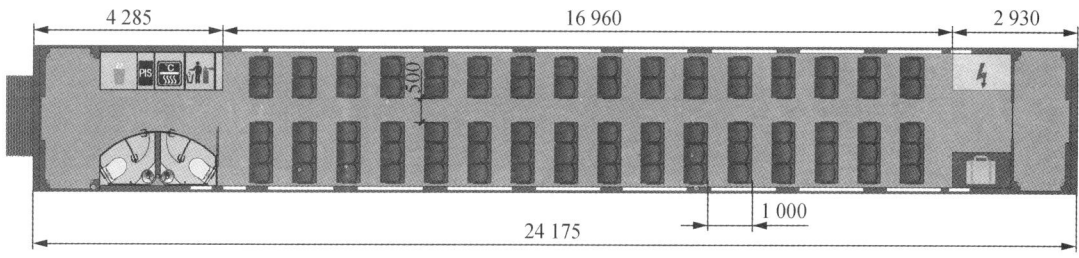

图 4-23　二等座车（2、7 号二等座车 带受电弓的拖车 定员 80 人）

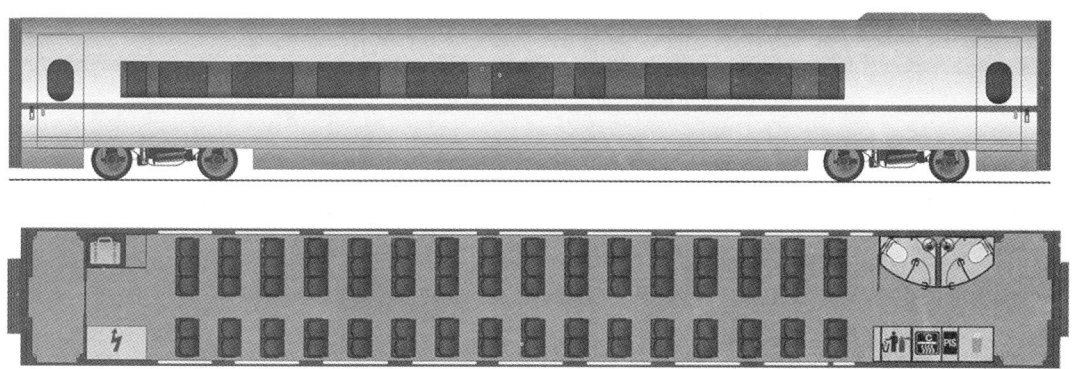

图 4-24　二等座车（3、6 号二等座车 动车 定员 80 人）

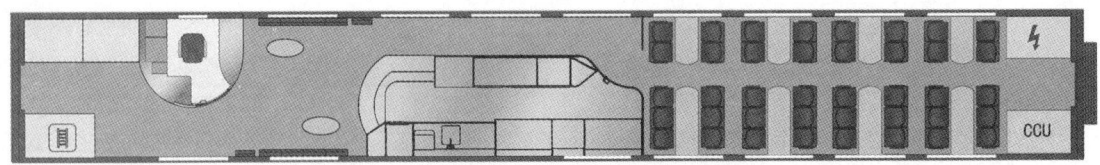

图 4-25 二等餐座合造车（拖车 定员 40 人）

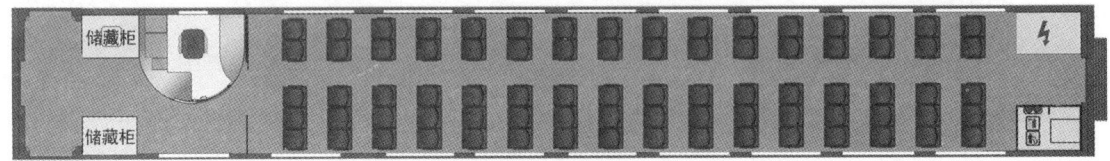

图 4-26 二等座车（带乘务员室拖车 定员 80 人）

1. 餐饮设备

CRH380B 型动车组的餐饮设备主要有微波炉、烤箱、冷藏箱、冷冻箱、展示柜、保温箱、开水炉、消毒柜等，为旅客提供常温食品、快餐加热食品、冷热饮品和吧台售卖服务等，如图 4-27 所示。

图 4-27 吧台

2. 卫生设施

全列卫生间的数量为 10 个，残疾人卫生间 1 个，标准卫生间 9 个，卫生间百人占有率 1.8 个。标准卫生间采用模块化设计和整体安装，主要设备有坐式便器、色丽石洗面台、纸巾盒、扶手、衣帽钩、便纸架、垃圾箱、火灾报警器、扬声器等，如图 4-28 所示。

图 4-28 卫生间

3. 多功能卫生间

适应残疾人，设有轮椅活动空间，设有婴儿台板、坐式便器、色丽石洗面台、SOS 按钮、纸巾盒、扶手、衣帽钩、便纸架、垃圾箱、婴儿台板、火灾报警器、扬声器等。

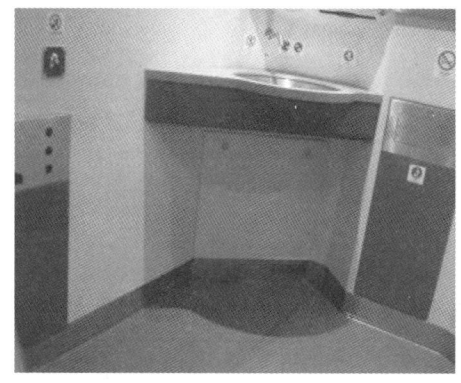

图 4-29　多功能卫生间

4. 娱乐信息

二等区：音视频节目采用集中式播放，音频通过扬声器播出。

一等区：音视频节目采用集中式播放，音频通过座椅控制面板调节音量，耳机进行收听。

一等、二等座席提供电源插座，供笔记本电脑使用，如图 4-30 所示。

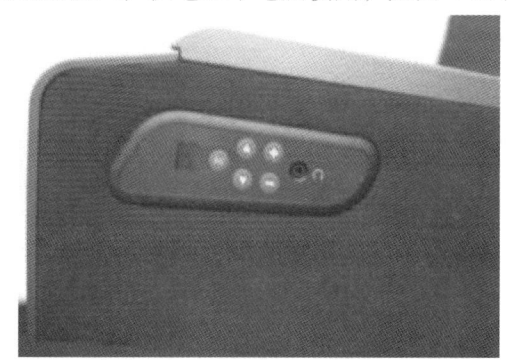

图 4-30　座椅控制面板

5. 环境控制

从旅客乘坐环境舒适性角度考虑，重点控制车内温度、湿度、风速、压力、噪声。

（1）空调系统：温度、湿度、新风量、微风速、压力等参数均为计算机控制，符合或优于 UIC553 标准，其性能见表 4-2。

表 4-2　空调性能

车内参数	制冷（夏季）	加热（冬季）
车内温度	26℃	22℃
相对湿度	<58%	—
车内气流速度	<0.43 m/s	<0.25 m/s
新风量	每人>15 m^3/h	每人 m^3/10/h
车内外压力差	目标值为 70 Pa	

（2）噪声。车内采用高隔声材料，噪声指标符合 ISO 标准，客室≤68dB（A），司机室≤75dB（A），通过台≤78dB（A）。

（3）安全设计。非金属材料防火阻燃性能达到国际先进标准；设置烟火报警装置，每车设 2~4 个灭火器，设防火墙（15 min 烟、火不蔓延至相邻车厢）；火灾发生 10 min 内列车控制与紧急控制系统功能良好，如图 4-31~4-32 所示。

图 4-31　灭火器

图 4-32　防火墙

（4）疏散与逃生。每车设 4~6 个逃生窗，如图 4-33 所示。

图 4-33　逃生窗

（5）电气安全。所有电气设备均设置安全锁，所有金属件全部有接地保护，以避免旅客触电。

（6）机械安全。车门具有防夹功能，内装设备无棱角及突出物，以免给旅客带来意外伤害。

二、系统方案

（一）车　体

采用大断面通长薄壁中空铝合金型材焊接鼓形车体，满足 EN12663 标准，具有断面模数大、轻量化、制造工艺性优良、密封性好、车头形状优良等特点，如图 4-34 所示。

图 4-34　车体

（二）车　钩

1. 自动车钩

CRH380B 高寒动车组前端车钩用于重联、回送及救援要求，因此 CRH380B 高寒动车组采用自动车钩，安装于头车端部，如图 4-35 所示。

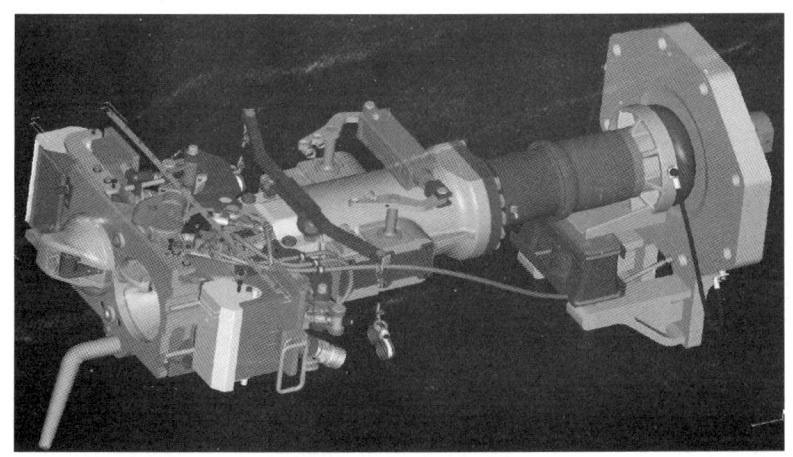

图 4-35　自动车钩

2. 半永久车钩

半永久性车钩的设计保证了铁路车辆作为运输设备，除在紧急情况或进车间维护外不需要经常脱开的长期固定连接，如图 4-36 所示。

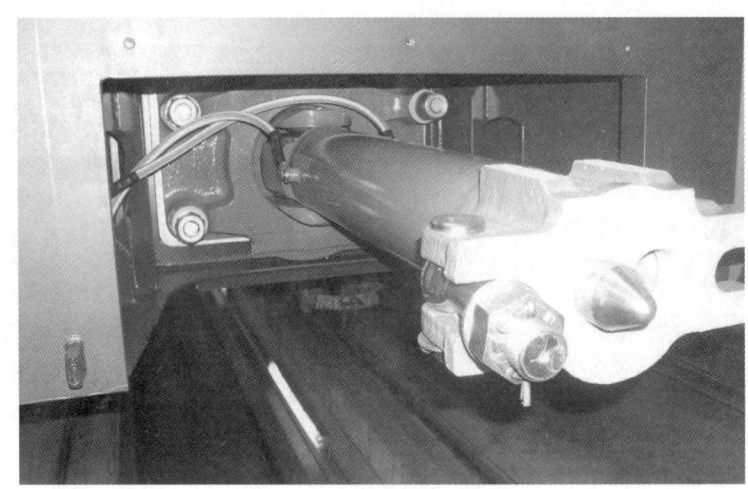

图 4-36　半永久车钩

（三）风　挡

1. 内风挡

采用了双层密封的双包气密性风挡，极大地提高了车辆隔音隔热性能，为旅客提供了舒适的旅行环境。

2. 外风挡

外风挡是高速动车组上的减阻功能部件，安装在车体端墙外部，将车体连接部分的外表面延伸，使得两车体外表面间距缩小，减弱气流分离及气流冲击端墙表面的强度，以减小列车空气压差阻力。

 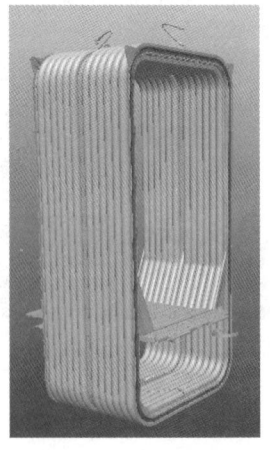 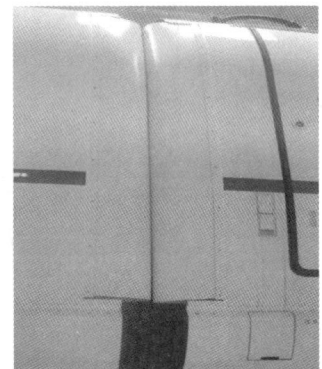

图 4-37　风挡

（四）牵引系统

牵引系统采用交-直-交传动方式，由 2 个牵引动力单元组成，每个单元两动两拖，主要由高压系统、主变压器、牵引变流器和牵引电机等组成。供电制式为 AC 25 kV/50 Hz，牵引功率为 9 200 kW。

（五）辅助系统

辅助系统主要由辅助变流器、充电机、蓄电池等部件组成，为车载设备提供交流和直流电源。

（六）网络系统

网络系统符合 TCN 标准 IEC61375，主要由列车总线（WTB）和车辆总线（MVB）组成，实现控制诊断监视智能化。

（七）转向架

380 km/h 高速动车组转向架采用两点式控制的高柔性空气弹簧、牵引电机弹性悬挂以及过渡枕梁等技术，融合集成化和模块化的设计理念。

（八）制动系统

动车组采用先进的微机控制直通式电空制动系统，可以根据列车运行速度和载重等情况，实现精准和恒减速度的空电联合制动，提高了制动平稳性，如图 4-38 所示。制动系统采用"故障导向安全"的设计原则：包括微处理器控制的直通制动系统和用于救援或回送的备用制动系统。备用制动系统可由采用自动式空气制动系统的既有线机车操纵控制，列车管的额定压力为 600 kPa。

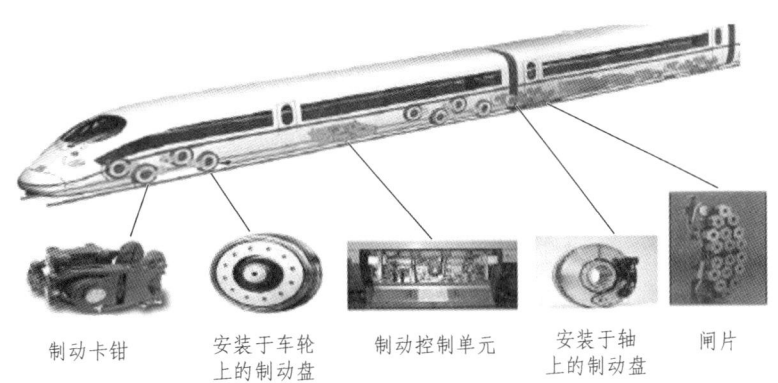

图 4-38　制动系统

制动系统的主要技术参数如下：
持续运行速度：300 km/h
最高运营速度：350 km/h
紧急制动距离（初速 350 km/h）：≤6 500 m
制动作用的响应时间：≤1.5 s
总风管风压：850~1 000 kPa
制动管风压：600 kPa
冲动限制极限值：0.75 m/s^3

（九）空调系统

空调系统为整体式顶置压缩空气调节系统。每个车均设有废排装置，在通过台区域，设循环空气加热器。司机室均设有单独的空调系统，可独立于客室空调单独调节。

不同季节、不同工况，冷暖风按不同比例分流的送风方式，使车内送风位置的布局符合人体舒适度要求，使车厢断面温度场更均匀。

（十）给水卫生系统

给水卫生系统主要包括净水箱及管路、卫生间模块、集便系统、排污管路、污物箱。全列设置9个标准卫生间模块，1个通用卫生间模块，采用保持式真空集便。

（十一）塞拉门

1. 分类

CRH380B 高寒动车组车门可分为外门和内门两大类。

外门是乘务人员和乘客进入车内的通道，每节车左右各一扇或两扇，布置在每节车的端部或中部，带餐车的车型全列共22扇，不带餐车的车型全列共24扇。

内门是车厢内各部分之间的通道，又可分为：

（1）风挡门。位于中间车的两端和头车的尾端，是风挡与客室间的通道，风挡门分手动和电动两种。

（2）内端门。位于各车通过台与客室之间，内端门分单扇和双扇两种。

（3）司机室门。位于头车前端，为司机室与客室间的通道。

（4）乘务员室门。乘务员室与客室间的通道。

（5）卫生间门。卫生间与客室间的通道。

（6）包间折页门。位于客室与包间之间，为客室与包间间的通道。

2. 主要部件

（1）门框。采用整体式门框，由铝型材和铸铝件拼焊而成，如图4-39所示。相对散装门框，该门框具有安装快捷、简单，调试容易等特点。

（2）驱动单元。该门的驱动机构采用直流电机驱动，相对于气缸驱动，可以更加容易地精确控制开关门时间。且开关门的速度，在行程内可实现多段可调，耐低温能力强，如图4-40所示。

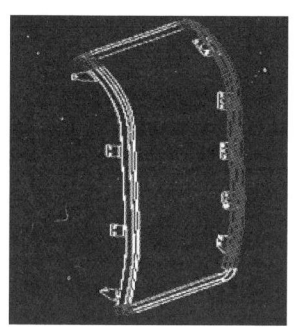

图4-39　门框

图4-40　驱动机构

3. 设备安装架

设备安装架集成了门锁单元。

（1）锁闭系统。主锁采用电动锁，解锁动作由电机实现。除主锁和隔离锁之外，上、下各设一个气动加压锁，可提高密封性能，增加系统的可靠性。内外操作装置设置了紧急操作手柄。在内外操作装置和主锁间的传动装置上设有电磁离合器，使门锁系统在列车高速运行时，具有了即使操作紧急手柄也无法打开车门的功能，极大地提高了安全性能。

（2）气动系统。为气动加压锁的供气单元，其压力表安装位置设置在人目视高度，便于查看读数。

4. 门　扇

采用内部充填发泡隔热材的结构。该结构具有更高的隔音隔热性能。密封采用了双层密封，使其具有了一定的气密性能。

门的基本构造如下：

（1）门板。因车体为鼓型车体，所以门为弧形门。由铝型材、铝板及铸铝件焊接成铝框架，内、外面覆盖铝板，其间注入发泡剂，门扇四角为圆弧形，门表面油漆。

（2）窗户。窗户由多层平板玻璃构成，厚39.5 mm（5 mmESG/24 mm间隙中填充气体/10，5 mmVSG），瞭望区的颜色同客室侧窗，边缘采用黑色丝网印刷，用胶粘接在门板上。

（3）胶条。门扇周边的密封胶条为双层密封，分为内层胶条和外层胶条，外层胶条的前端为护指胶条，胶条内部装有防挤压开关。

（4）隔离锁。集成在门板内。可以通过方形钥匙从内部和外部手动操作进行门的机械隔离，并通过隔离锁锁舌触动设备架上的限位开关，实现电气隔离。

（5）按钮。门板外部的中上部设有按钮。

（6）安装附件。门框调整垫片；安装螺丝；垫片（门扇和滑车之间）；偏心轮（门扇和滑车之间）。

（7）内部控制面板。

（8）外部控制面板。

（9）钢丝软轴。

（10）紧急装置。包括蜂鸣器、紧急开门按钮（安全玻璃后的按钮开关）、紧急开关。

（11）电缆。内部和外部操作面板及紧急开关电缆。连接处均采用插头式连接，安装和检修时，方便快捷。

（12）电器部件。

5. 站台补偿器

站台补偿器为电控气动装置，并与塞拉门协调动作。当塞拉门打开到 150 mm 时站台补偿器开始向下转动翻板，直至完全打开；当塞拉门关闭到仅剩约 150～300 mm 的开口宽度时站台补偿器向上转动翻板，直至完全收起，如图 4-41 所示。

图 4-41　关门状态下的站台补偿器状态

6. 操作使用

（1）侧门操作。

正常操作：

① 开门（$v<5$ km/h）。

打开按钮，前提是允许操作门才能用旅客打开按钮打开门。

内侧：安装在门扇前缘附近控制屏内的一个按钮。

外侧：安装在门扇中的一个按钮。

② 关门。

a. 关门按钮关门。

内侧：安装在门上前缘附近控制屏内的一个按钮。如果按下门关闭按钮，激活报警蜂鸣器并且信号被发送至 DCU 以将门关闭。

b. 由列车护卫人员集中关闭（方形钥匙开关）。通过旋转方形钥匙开关（顺时针），给所有门一个集中关门命令（只有在门被完全打开时，关门命令才被发送至门控单元）。

c. 通过司机操纵台集中关门。司机能通过开门允许的撤销，关闭车辆一侧上的所有门。

d. 由速度信号关门。如果列车未停滞（即使 $v<5$ km/h），所有仍打开的门开始关闭。

e. 用门控单元处的服务按钮关门。对于维护，考虑到报警装置可以通过操作门控单元上的服务按钮关门。

③ 门不工作且机械锁定。

a. 内侧方形钥匙的工作锁定。可以通过安装在门扇上的方形钥匙从内侧机械锁定有缺陷的门，使其隔离。在此操作以前，必须将过桥设置于不工作状态并且必须手动关门。然后必须通过方形钥匙锁门。

b.过桥不能工作并机械锁定。将过桥置于"收缩"位置。最后用方形钥匙锁定过桥。

c.主开关。驱动机构上提供有翻转开关，能切断服务用电源。在此情况下不执行门的任何功能并且无任何诊断代码产生并传递至车辆控制单元。在任何时候都能实现紧急解锁。

④门的紧急操作。

a.紧急出口装置。

内侧：为释放门的机械闭锁装置，一个紧急出口装置安装在门扇后缘附近的门架中。如果速度小于 10 km/h，才可以经应急装置开门。

注意事项：

当速度大于 10 km/h 或经门扇上的方形钥匙手动隔离并锁定各门时，应急装置不适用。对于门的紧急解锁，旅客必须先操作应急开关上的按钮，为此将玻璃前板砸成碎片并按压按钮。列车员能够驱动应急开关上的方形钥匙开关，将持续激活声音报警系统。通过应急出口装置的拉动并向外推门扇可以将门打开（为此要使用带凹槽的手柄），如果速度大于 10 km/h 并且应急出口装置未占用，门不能解锁。如果速度降低至 10 km/h 以下，必须在起始位置中再次操作手柄。

b.紧急使用装置。

外侧：安装在门扇附近车体侧墙中的一个紧急使用装置。拉动紧急使用装置的手柄并通过在手柄凹槽处拉动门扇将门打开。

⑤门发生故障时，对门进行隔离操作。

当门功能不正常时，如果在主干线上额定运行期间门不能正常工作，必须将门置于隔离工作状态，直到故障解决为止。因此必须通过门扇上的方形钥匙隔离并机械锁定门。禁止锁定未处于完全关闭位置的门。

（2）内部门操作。

内端门和自动风挡门为红外探测控制开门，物体进入探测区域门自动打开。此时，乘务人员可通过四角钥匙将门隔离锁闭在开门位，如无此操作门停留 10 s 后自动关闭。关闭过程中如果遇到障碍物防挤压启动，门自动打开，如障碍物长时间存在，防挤压启动 5 s，此后门在开门位将停留 60 s，时间过后门初始化关闭。风挡门可通过门扇上锁闭装置将门隔离锁闭在关门位。

复习思考题

1. 我国动车组分为哪几个速度级？各是哪几个型号？
2. 动车组如何编号？
3. 动车组是如何进行行车标志的？
4. 动车组的基本组成是什么？
5. 动车组的主要技术特点是什么？
6. 简述 CRH_5 动车组车的基本组成及遇到特殊故障的处理。
7. CRH380B 型动车组的基本组成是什么？

第五章 高速铁路客运服务

第一节 概 述

铁路运输在国民经济中占有重要地位，是国民经济的基础和命脉，而高速铁路客运服务在铁路运输中又占有非常重要的地位。高速铁路旅客运输服务是铁路为了满足旅客的需要，和旅客之间接触的活动以及铁路内部活动所产生的结果。高速铁路与既有线相比具有列车速度快、开行密度大、频率高、开行时间间隔小的特点。客运服务是指为了实现旅客位移而由一系列具有无形性的活动所构成的一种过程，该过程是在旅客与服务人员互动过程中进行的，其实质是最大限度地满足旅客需求，并为其创造价值。

有高速铁路列车引入的客运站运输组织模式将实现由"等候式"向"通过式"转变，旅客换乘接续时间短，在站候车时间短。世界各国高速铁路企业无不全方位运用高科技手段为旅客提供全程服务，充分体现以人为本、以旅客为本的服务意识和理念。从购票前的营销策略到订票、购票，从旅客到站后的信息、揭示引导到有困难时车站的及时救助，以及车站的旅客快速疏散，从乘车前的自动检票到上车后的服务，处处体现着高速铁路在为旅客服务方面所下的工夫。客运服务具有易逝性，服务过程一结束，服务也就随之消失，旅客即使不满意也无法更换或退回服务，一旦在客运服务中出现缺失，虽然可以补救，但造成的不良影响将一直存在。所以，必须加强高速铁路的客运服务工作，让旅客出行更舒适、便利。服务中强调个性化服务。服务是由铁路客运服务人员通过劳动来完成的，而每位客运服务人员由于年龄、性别、性格、素质和文化程度等方面的不同，他们为客人提供的运输服务也不尽相同。同一员工在不同的场合，不同的时间，或面对不同的旅客，其服务态度和服务方式也会有一定的差异。对于同一个旅客，即便是在不同的时间选择了同一车次的列车出行，个人也会存在服务需求的差异。

高速铁路客运服务系统是在高速铁路服务理念和最新信息技术基础上，建立起的信息高度共享、资源高效利用、运行安全可靠的综合完整的服务系统。客运服务涵盖旅客旅行的全过程。铁路运输企业为了高质量地满足旅客需求，采用科技手段，在高速铁路客运服务中建立了多个信息系统，主要包括票务系统、旅客服务系统、客运营销与策划系统、铁路客户服务中心等。

第二节 高速铁路客运站及列车服务

一、高速铁路客运站服务

高速铁路客运站为旅客提供的服务主要包括票务服务、乘降引导服务、候车服务、信息服务、延伸服务,以及为特需旅客提供的服务。

(一)票务服务

票务服务是客运站为旅客提供的重要服务内容。车站采用多样化的售票方式,合理分布售票处所、售票专用窗口、自动售票机的数量和位置,方便旅客购票,并且通告售票服务的相关信息(余额、变更)。

1. 高速铁路客票售票渠道

主要有车站窗口售票、自动售票机售票、互联网售票、电话订票、代售车票、上车补票。

(1)车站窗口售票。旅客可在窗口购买各种列车的车票,如购买任何两个车站间的单程票、往返票,以现金、银行卡支付,实行实名制售票的列车须出示有效身份证件。

(2)自动售票机售票。旅客可凭有效二代居民身份证,在自动售票机上购买各种车票,以现金、银行卡支付。

(3)互联网售票。互联网用户在 12306.cn 网站购票前,须先注册为 12306.cn 网站用户。中国铁路客户服务中心网站(www.12306.cn)只对注册用户提供网上购买火车票服务。用户注册时,须准确提供真实信息,以保证顺利购票乘车及享受 12306.cn 网站提供的各项服务。一张有效身份证件只能注册一个用户。购票时,凭用户自行设定的用户名和密码登录。12306.cn 网站接受的有效身份证件是指:中华人民共和国二代居民身份证、中华人民共和国港澳居民来往内地通行证、台湾居民来往大陆通行证、按规定可使用的有效护照。购买儿童票的乘车儿童没有办理有效身份证件的,须使用同行成年人的有效身份证件信息,并于开车前换取纸质车票后乘车。12306.cn 网站可以购买全价票、儿童票、学生票、残疾军人或伤残人民警察优待票。购票时,须在申请车票成功后 45 min 内完成网上票款支付。网上支付时,须使用具备网上银行功能的银行卡,并由 12306.cn 网站跳转(链接)至购票人选择的银行网站进行。目前只受理:使用中国工商银行、中国农业银行、中国银行、招商银行、中国建设银行和带有银联标志的银行卡,并开通了网上银行的用户。凭购票时使用的二代居民身份证,直接在自动取票机上就可以打印出车票。旅客在中国铁路客户服务中心网站 www.12306.cn 使用二代居民身份证购票,并且乘车站或下车站都具备二代居民身份证检票条件的,可以使用二代居民身份证原件直接在车站自动检票机办理进、出站检票手续,无需换取纸质车票。已经换取纸质车票的,只能凭纸质车票办理进、出站检票手续。

(4)电话订票。电话订票仅受理二代居民身份证,旅客拨打订票专线 95105105(外地订票需加拨出发地区号,如北京 010),凭银行卡或现金在车站售票窗口取票。

（5）代售车票。通过授权代售点发售车票，特别适合旅行社、连锁便利店等售票渠道。

（6）上车补票。旅客上车后补票。

2. 自动售检票设备

（1）自动售票机。自动售票机主要由中央处理器、便于使用的液晶显示屏和防震触摸屏、票据打印机、钞票接收器、钞票分发器（以钞票方式找零）、硬币分发器（以硬币方式找零）、国内和国际信用卡和储蓄卡付款工具等几部分构成。自动售票机如图 5-1、图 5-2 所示。

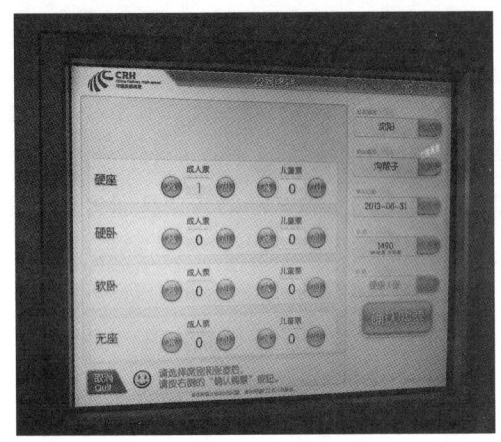 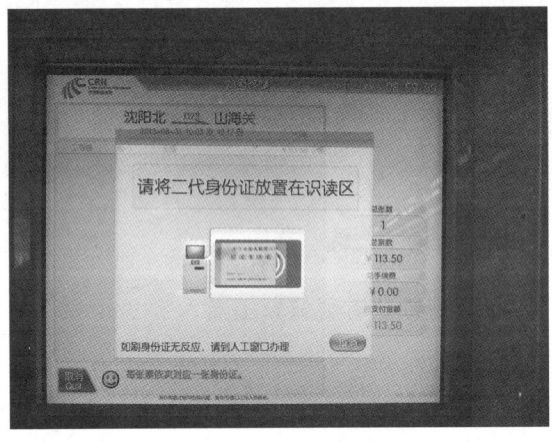

图 5-1　自动售票机　　　　　　　图 5-2　自动售票机

（2）自动检票机。自动检票机用于对进出乘车区域的旅客检票。经自动检票机检验车票有效后，自动检票机的翼门打开，允许顾客进入或离开乘车区域。

自动检票机根据闸机的开启方式分为 3 种类型，分别是转杆式、扇门式和拍打式。转杆式检票机通行流量比较小，容易造成拥堵和事故。

扇门式可以达到迅速安全疏散人流的目的，不会出现转杆式闸机那样的拥堵与事故。但人性化的闸机也引来了小麻烦，由于停滞时间相对较长，往往出现一些不自觉地乘客在出闸门时漏刷或者逃票。

拍打式适合于大流通量或大件行李及残障车，须配合监控人员使用。

（二）乘降引导服务

乘降服务包括向旅客在进站、站内通行、检票上车以及到站下车、出站等活动过程中提供的服务。"便捷、快速"是高速铁路客运站乘降服务最主要的特性。要求设置现代化的、动静结合的导向标志，其各类信息应该达到有效准确、规范醒目、方便识别。导向信息应具有易辨性，标志布局要具有合理性，传递信息强调连续性，标志系统具有整体性。各类标志在材质、形式、规格、色彩等方面都要保持统一，形成一个较为稳定连贯的体系，以保证有效地引导客流的连续移动。使旅客既能活动自由，又能感到服务无处不在，起到润物细无声的作用。导向标志进站用例如图 5-3 所示，导向标志出站用例如图 5-4 所示，站车服务业务流程如图 5-5 所示。

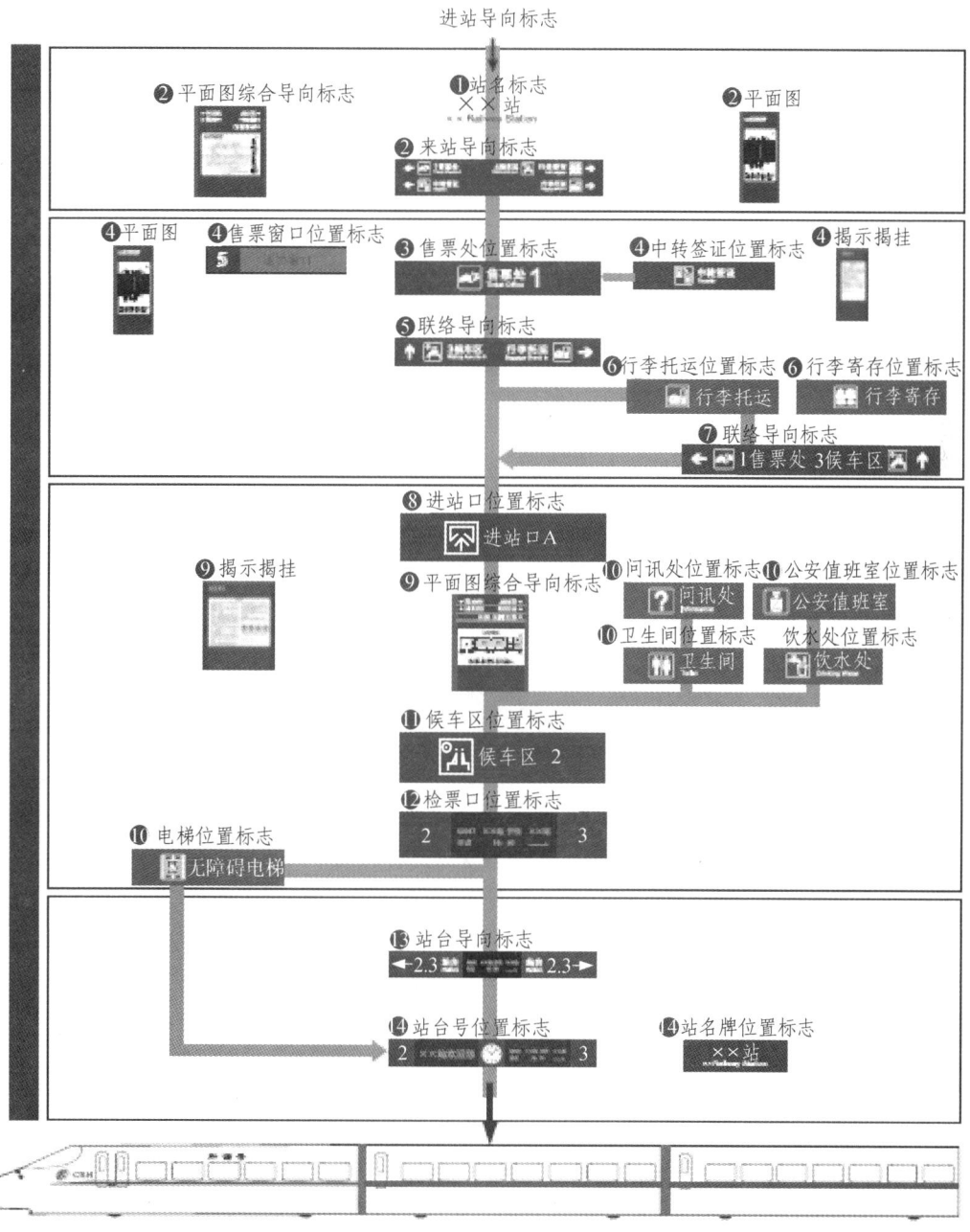

图 5-3 导向标志（进站用例）

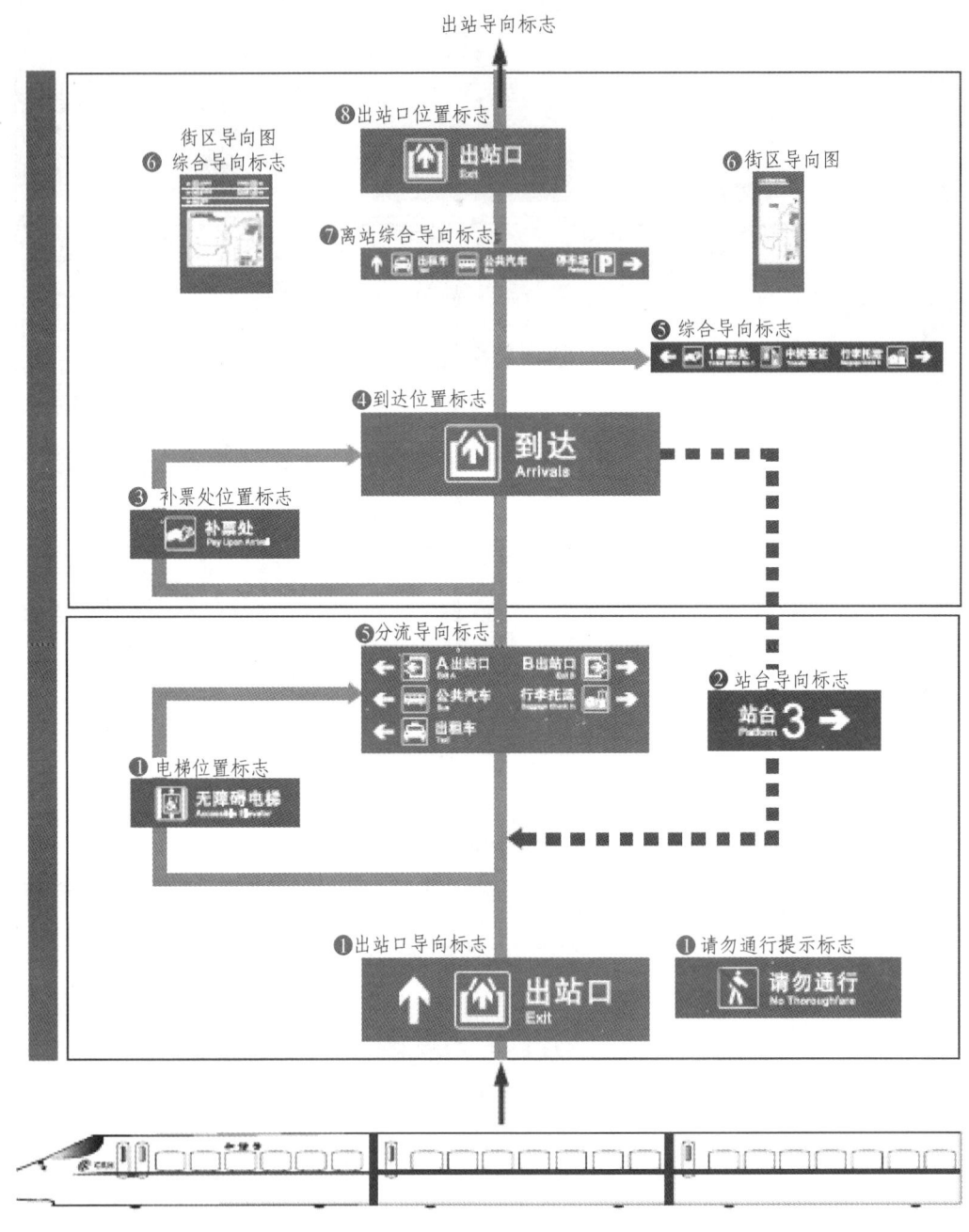

图 5-4 导向标志(出站用例)

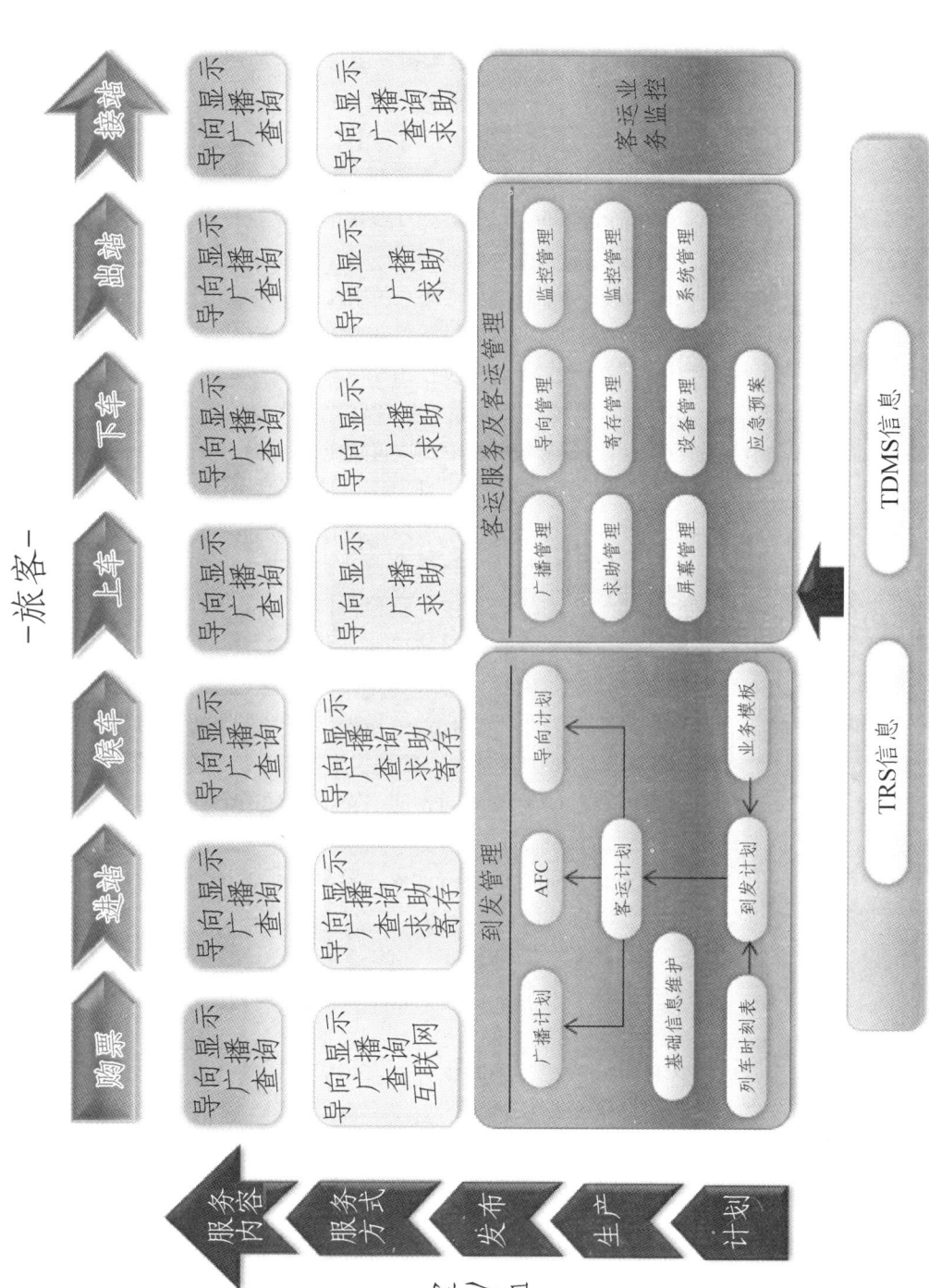

图 5-5 站车服务（业务流程）

我国铁路旅客引导标识是由文字、图形符号和颜色等单个要素或多个要素组成，向旅客传递特定信息，用于引导旅客流线的设施。引导标识的规格、位置要本着最大限度方便旅客为原则，一切从旅客出发，一切以旅客为中心，坚持理念引领，准确把握新时期铁路客站建设定位理念，运用先进理念引领铁路客站建设新实践。树立服务为本的理念，在规划设计上，注重从过去管理旅客向服务旅客的理念转变。在功能表达上，按照满足旅客换乘方便、环境舒适的要求，做好细部设计。在系统优化上，坚持以客站为中心，与城市其他交通有机结合，优化流线组织，缩短换乘距离，实现各种交通方式无缝衔接。铁路客站作为城市门户，必须恰如其分地反映当地人文特质、城市形象和时代特征，力求简单高效。

国外高速铁路的乘降服务中特别注重导向揭示标志的使用，努力做到宾至如归的服务效果。如乘坐的列车很长时，国外铁路在月台上会有一系列大型显示器，以显示停靠列车的每节车厢的位置。导向标志是按旅客到站和离站流线设置的重要引导标志，在大型车站，特别是一些特大型车站一般会有城市地下铁道或高架轻轨铁道引入车站，从目前城市交通形势来看，大型和特大型铁路旅客车站将会随着城市交通系统的现代化，逐步发展成为集地下铁道、地上高架轻轨及公共汽车交通等综合性的城市交通枢纽。车站也将会逐步采用多通道的立体广场形式加快旅客的疏导。当车站很大、设施又多，且地上、地下有多个方向的进站和出站口时，很容易使第一次到达车站的旅客失去方向感。所以，进站导向标志应该从旅客进入车站广场的公共交通站点、出租车站、停车场和城市轨道交通站点等进入车站范围的起点开始设置，并沿进站流线引导旅客至售票处、进站口、候车室检票口，直至站台。出站导向标志应该从站台开始设置，沿旅客出站流线引导旅客至出站口、公共交通站点、出租车站、停车场和城市轨道交通站点。导向标志应该按通向目标的最佳路线进行布置，而且标志应该非常醒目，有很好的连续性，使旅客在视线之内很容易看到。另外，在道路和通道的节点处由于方向发生改变，特别是当通往多个方向或多目标时，如果没有导向标志会使旅客感到迷茫。所以，在这些地方应该设置指示方向明确的通往不同方向、不同目标的导向标志。这样，就可以使旅客很容易在标志的引导下到达目的地。外国的自动售票机是完全不需要工作人员在旁边进行操作引导的，日本的自动售票机采用最通俗易懂的符号指示标记。不管是本国人还是外国人只要按照形象符号就可以买到自己所需的车票。

（三）候车服务

候车服务是指客运站向旅客提供的购票、乘降之外的各项服务。高速铁路旅客的候车服务内容有逐步弱化的趋势，其主要原因是高速铁路高密度、高频率的列车使旅客在站停留时间大幅缩短所致，并且会有越来越多的自助式服务设施设备替代高接触度的人工服务模式。

旅客候车期间的服务包括：旅客旅行生活服务，购物、娱乐、餐饮服务和寄存等。高铁车站候车室如图5-6所示。

（四）信息服务

旅客在车站所需信息包括：客运业务类服务信息，如列车基本情况信息、列车运行动态信息、交通换乘信息、客票余额及票价信息、行包信息等；通告和旅行常识类信息，如车站通知、引导揭示信息、铁路常识、法律法规、旅行常识、旅行安全、旅行服务、服务监督电话、服务设施设备布局和使用说明等；社会服务类信息，如旅游、住宿、城市交通、气象、新闻、娱乐、医疗、金融等信息。列车基本信息如图5-7所示。

图5-6　高铁车站候车室

图5-7　列车基本信息

（五）"人性化"服务

高速铁路客运站不仅要为普通旅客提供便捷、舒适、优质的服务，同时为了充分体现"人性化"的服务理念，还应该能够满足特殊旅客的各种需求，例如，老弱病残孕幼等弱势群体旅客、重要旅客（VIP）、团体旅客及其他特殊旅客。

在站内为行动不便的旅客提供设备支持。长距离车站配有方便残障乘客上车的移动设备，如升降电梯和坡道。许多地方列车添加了升降梯、自动坡道以及人工操作的桥式跨板。在站内为旅客提供婴儿护理设施等。

（六）延伸服务

为了给旅客提供"一条龙"的全程式服务，车站可以与相关企业共同为旅客提供一些与旅行有关的其他延伸服务,如旅行咨询、联系旅行社、预订旅馆酒店、票务代办、本地或异地租车等。

二、高速铁路列车服务

在整个高速铁路客运服务体系中,旅客对列车服务环节所提供服务的感受最为看重。列车服务包括以下内容:

1. 乘务人员的服务

客运服务礼仪是一种行为规范,是列车客运人员在车站和列车上的服务工作中应遵守的行为规范,它具体是指客运人员在车站和列车上服务中的各个服务环节,从在站台迎接旅客上车、与旅客的沟通,到列车运行中的供餐、送饮料,为特殊旅客提供特殊服务等都应有一整套客运人员的行为规范。客运人员的仪表,是指包括人的容貌、姿态、服饰和个人卫生等方面,它是乘务人员精神面貌的外观表现。由于人的性格、气质不同,内在修养不同,行为习惯的不同,每个人以个人良好的文化素养、渊博的学识、精深的思维能力为核心,形成一种非凡的气质。良好的风度需要很长的时间来培养和锻炼,尤其作为一名合格的客运人员,更需要在长期的工作中加强自己文化素质的提高、本身性格的培养和自身的修养,将外在美和内在美相结合形成客运人员的气质。男士面容的最基本要求是应养成每天剃须的良好习惯;女士要化淡妆,给旅客以亲切的感觉。注意手部的美化,手和手指甲应随时保持清洁,要养成勤洗手的好习惯,手上要经常擦润肤霜,以保持手部的柔软,要养成经常剪指甲的好习惯,不要将指甲留得过长,给旅客一种不卫生的感觉。客运乘务员必须对个人的服饰予以重视,它关系到个人的形象和铁路的形象。所以,客运人员应保持工作服干净整洁,每次上班前,应将工作服熨烫平整,工作装不允许出现布满皱纹、残破、污渍、脏物、异味,干净整洁的服装会给旅客带来清新舒服的感觉。高速铁路列车上,所有乘务人员均可以为旅客解答问题(如列车换乘)或提供帮助。列车员也可以为未持有效票的旅客补票或为旅客提升车厢等级。这些工作可以通过一个移动的电子终端器进行。但旅客必须尽快主动告知列车员。车票支付必须用现金或信用卡。

2. 列车广播

广播系统具备收音及播放功能,能向乘客自动播放音乐及各种服务信息。播放预先储存的节目及沿线广播电台信息。

3. 信息显示

每辆车内两端分别设有车号显示器和信息显示器,信息显示器显示的内容根据需要设置。

4. 残障旅客及母婴专用设施

高速铁路列车都为残障旅客专门设置了两个宽敞的座位,邻近卫生间是按专为坐轮椅的旅客设计的。高速铁路列车上为残障人士和母婴专门配置了功能卫生间。

5．车上餐饮

一等车厢的旅客，可以享受餐饮到座服务。列车上所有的旅客都可以到位于一等车厢和二等车厢之间的餐车用餐。餐车里有甜点、小食品、饮料及杂志，列车上都有自动售货机，出售小食品、甜点和冷热饮。列车上还设有流动售货车。

6．报纸、杂志

高速铁路列车的旅客都可以免费阅读由高铁列车提供的报纸、杂志等休闲刊物，也可以在餐车上购买报刊与杂志。

7．车上电话

目前绝大部分的高速线路都可以使用 GSM 移动电话。

8．可调节座椅

有的列车提供可调节座椅，如中国铁路的 CRH_2 型列车，其座椅为旋转可调式。

第三节　高速铁路列车乘务组成及制度

一、旅客服务工作原则

旅客服务工作要树立"全心全意为人民服务"的思想，坚持"全面服务，重点照顾"的原则。要以"人民铁路为人民"为宗旨，做到"三要""四心""五主动"的优质服务，对重点旅客要做到"三知三有"（知座席、知到站、知困难，有登记、有服务、有交接），重点服务，使人民放心，使人民满意。

"三要"是指对待旅客要文明礼貌，纠正违章要态度和蔼，处理问题要实事求是。

"四心"是指接待旅客热心，解答问题耐心，工作认真细心，接受意见虚心。

"五主动"是指主动迎送旅客，主动扶老携幼，主动解决旅客困难，主动介绍旅行常识，主动征求旅客意见。

二、动车组列车乘务工作

旅客的旅行生活大部分时间是在列车运行中度过的，因此，做好列车乘务工作，对保障旅客安全、便利、舒适的旅行具有十分重要的意义。

（一）动车组列车乘务组组成

动车组列车乘务组由客运乘务人员、随车机械师、司机、公安乘警、随车保洁和餐饮服务人员组成，简称"六乘人员"。六乘人员必须在列车长的统一领导下（除行车救援指挥外），分工负责，各司其职，共同做好旅客服务工作。

客运乘务人员包括列车长、列车员，负责旅客列车的服务工作。

动车组司机负责有关型号的车门集控开关和动车组列车运行工作。

随车机械师负责有关型号的车门集控开关和动车组设备检修工作。

公安乘务员负责维护列车的治安工作。

餐饮人员包括服务组长和服务员，负责动车组列车餐饮服务和商品销售工作。

保洁人员包括保洁组长和保洁员，负责动车组列车的卫生保洁工作。

客运乘务组由 1 名列车长和 2 名列车员组成。动车组重联时，按两个乘务组安排人员；编组 16 辆的动车组按 1 名列车长和 4 名列车员配备。对运行时间较长的动车组可适当增加客运乘务人员。动车组司机实行单司机值乘制，随车机械师按每组 1 人配备。

（二）动车组列车乘务组的主要工作

（1）使车内经常保持整齐清洁，设备良好，温度适宜，照明充足。

（2）对老、幼、病、残、孕、首长、外宾等重点旅客，通过访问做到心中有数，主动迎送，重点照顾。

（3）通告站名，照顾旅客上下车，及时妥善安排旅客座席、铺位。

（4）维护车内秩序，保证安全正点。

（5）搞好饮食供应。

（三）动车组列车乘务组的工作制度

1. 工作协调制度

（1）动车组列车出库后，列车长要及时了解六乘人员工作准备情况，重点对卫生保洁质量、配餐数量以及各岗位人员到岗情况进行掌握，遇有重点任务，及时布置。

（2）列车长每趟组织召开随车机械师、公安乘警、餐饮组长、保洁组长参加的工作协调会，沟通信息，提出本趟工作重点和要求。

（3）遇有设备故障、列车晚点等情况，司机或随车机械师要主动向列车长通报故障情况、晚点或停车原因。列车长要及时逐级汇报，按指示向旅客通告，组织客运乘务员、餐饮、保洁人员做好服务和解释工作。

（4）客运段应每月组织六乘单位召开动车组一体化管理联席会议，总结工作，加强协调，统一步调，提高效率。

2. 信息传递制度

（1）动车组列车六乘人员要掌握列车运行、设备状况、旅客服务和餐饮供应等信息，及时相互通报。

（2）动车组列车运行中遇有各类非正常情况，六乘人员应按照各自职责逐级汇报，列车长应积极协调处理。

（3）六乘单位之间应建立日常联络机制，加强相互之间的信息沟通。

3. 其他制度

（1）动车组列车实行"首问首诉负责制"，六乘人员必须及时解答旅客问询、受理旅客投诉、解决旅客困难。

（2）动车组列车进站前，六乘人员必须按规定提前到岗，做好旅客乘降的准备工作。

（3）六乘人员必须严格遵守国家铁路局、中国铁路总公司、地方铁路局（集团公司）有关规定，严禁私带无票人员上车；如需要安排重点旅客乘坐餐车、多功能室、乘务员室等位置时，必须经列车长同意。

（4）动车组列车餐饮、保洁人员不服从列车长管理，影响正常工作及铁路形象时，列车长应向有关部门及时汇报，必要时，可立即停止其工作；餐饮、保洁公司对上述违纪人员要按照公司的管理制度进行严肃处理，并向有关部门反馈处理结果。

（5）动车组公安乘警、随车机械师不服从列车长的管理，影响正常工作及铁路形象时，列车长应向上级有关部门及时汇报。

三、动车组安全设备及使用方法

1. 紧急制动装置

动车组紧急制动装置，如图 5-8 所示。紧急情况需要制动时使用，如司机判明可继续行车时，司机可操作将紧急制动复位，列车缓解后可继续运行。

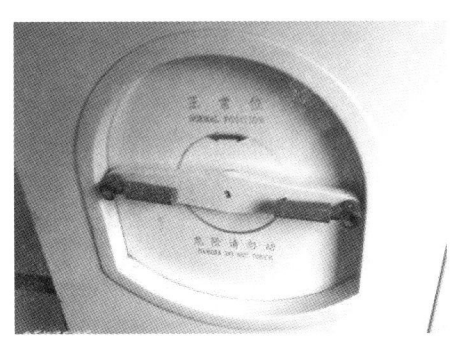

图 5-8 紧急制动装置实物图

2. 防火隔断门

动车组防火隔断门，如图 5-9 所示。发生火灾时，防火隔断门可阻止或延缓火势蔓延，最长阻燃时间为 15 min。

使用方法：使用钥匙打开防火隔断门上侧门锁，拉动防火隔断门，直至两边门合闭，然后锁闭防火隔断门。

图 5-9 防火隔断门实物图

3. 紧急逃生窗

动车组紧急逃生窗，如图 5-10 所示，利用手柄开启。仅限紧急逃生时使用。

使用方法：使用紧急破窗锤击破紧急逃生窗玻璃组织旅客按顺序逃生。

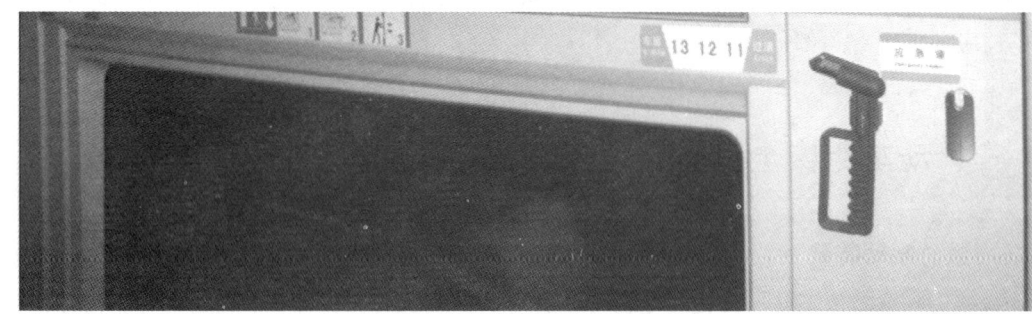

图 5-10 逃生窗实物图

4. 疏散舷梯

动车组疏散舷梯，如图 5-11 所示。在动车组运行中途因故障不能继续运行时，疏散舷梯可将乘客从故障动车组上转移至相邻线路的列车上。疏散舷梯使乘客可以在必要时从列车上下到站台上。疏散舷梯既可作为一个桥来连接停靠在旁边的列车，也可作为一个梯子使用下到地面上。

使用方法：梯身自带扶手，向上拉起，用套管将扶手固定即可。

图 5-11 紧急疏散舷梯实物图

5. 乘降梯

动车组乘降梯均为拼装式，如图 5-12 所示。位于 4 车二位端逃生梯室内。在动车组运行中发生紧急情况，停车后需将乘客从动车组上转移到地面时使用。乘客下车时，要确保地面上的安全。

使用方法：将梯身拼装好，即可使用。

图 5-12　乘降梯实物图

6. 车厢内车门控制装置

动车组车厢内车门控制装置，位于车厢内车门一侧电控挡罩上。由上至下分别为：上解锁、蜂鸣器、紧急开门按钮（外侧有保护罩，是旅客在紧急情况下使用的紧急开门装置）、绿色开门按钮（为触摸式开门装置）、红色关门按钮（为触摸式关门装置）、下解锁、红色手动扳手，用于车厢内操作开、关车门。

使用方法：上解锁为开门锁，使用钥匙向任意一侧拧动，向上扳动红色手动扳手至 90°位置后拉动车门即可打开；紧急开门按钮使用时，直接将按钮外部防护罩按破后，按下按钮，将红色手动扳手向上扳动至 90°位置后拉动车门即可打开；绿色开门按钮和红色关门按钮必须在司机释放后方可使用，司机释放后开关门按钮内部灯呈亮灯状态，未释放为灭灯状态；下解锁为关门锁，用钥匙向内侧拧动则关闭除当前操作的车门以外的一侧其他车门。注意在操作之前，必须先确认车门右侧下方的手动车门锁未被锁闭，若锁闭，用钥匙解锁后方可操作。

7. 车厢外车门控制装置

动车组车厢外车门控制装置，位于车厢外车门面板右侧。包括手动开门扳手、触摸式开门按钮、手动车门锁，用于在车厢外操作开启车门。

使用方法：在车厢外开门时，将手动开门扳手扳至 90°位置不要松手，同时拉动车门即可开启车门；车门中间处的触摸式开门按钮，应在司机释放后才可使用，司机释放后按钮内部灯呈亮灯状态，未释放为灭灯状态。注意在操作之前，必须先确认手动车门锁未被锁闭，若锁闭，用钥匙解锁后方可操作。

8. 站台补偿器

动车组站台补偿器，位于车门地板边缘。在列车停稳开门后站台补偿器自动落下，补充站台与车体之间的空隙，防止旅客下车时因踩空发生意外。

使用方法：站台补偿器应随车门开启和关闭自动落下或收起，自动装置故障时应使用手动开关。手动落下时，使用钥匙手动打开补偿器，站台补偿器方可落下；手动收起时，需用手将补偿器搬起并不得松手，同时用钥匙将手动开关关闭即可，此操作必须在车门关闭前完成，否则车门无法关闭。

9. 紧急通风装置

动车组全列每节车厢顶棚均设有针孔状紧急通风系统，车厢内墙板下侧板条缝内侧均设有吸气装置，过道处的吸气装置设在车厢两端过道处（顶棚上的吸气孔）。当动车组发生断电，空调系统不能正常运行时自动启动紧急通风装置，用来维持车内空气流通，最长可维持30 min。

第四节　高速铁路服务系统

一、高速铁路票务系统

（一）高速铁路客运票务系统

高速铁路客运票务系统是为旅客提供相关票务服务的信息系统，包括客票的交易服务和检验服务。票务系统以席位管理和交易处理为核心，实现客票业务的集中处理，支持多种销售方式和支付方式，提供自助售票服务，保证快捷、准确、安全地完成客票销售的各类业务，为旅客提供高质量的票务服务。

票务系统实现集中管理，全国客运专线设置一个业务和数据处理中心，完成席位集中管理、交易实时处理、基础数据维护、销售策略实施、统计、收入和清算管理等票务系统核心功能，通过强有力的安全保障措施，确保其安全稳定不间断运行。在车站及相关机构设置业务管理监控终端，完成日常业务管理。票务系统结构如图5-13所示。

票务系统由运营管理、常客管理、交易处理、自动检票（AFC）、数据管理、业务管理、储值卡管理、席位管理、径路计算、票价计算、收入管理、清算、统计13个业务子系统，以及系统管理监控、信息安全保障两个技术支撑子系统构成。运营管理子系统主要实现客运专线运营管理策略、营销策略、运价政策等在票务系统的体现。常客管理子系统对常客户以实名制的方式进行管理。

交易处理子系统实现票务系统中有关售票、订票、退票、补票的交易处理功能，接收并处理来自窗口、自动售票机、互联网、呼叫中心等各类终端的交易请求，完成客票发售、预订及相关交易业务。

自动售检票系统（AFC）主要部署在客运车站，完成旅客在进站、出站口自动检票作业、辅助售票作业以及相应的管理和监控作业。

数据管理子系统主要完成客运专线票务系统路网数据、列车运行图数据、交易数据以及历史数据的维护、管理功能，为整个客运专线票务系统的正常运转提供数据保障。

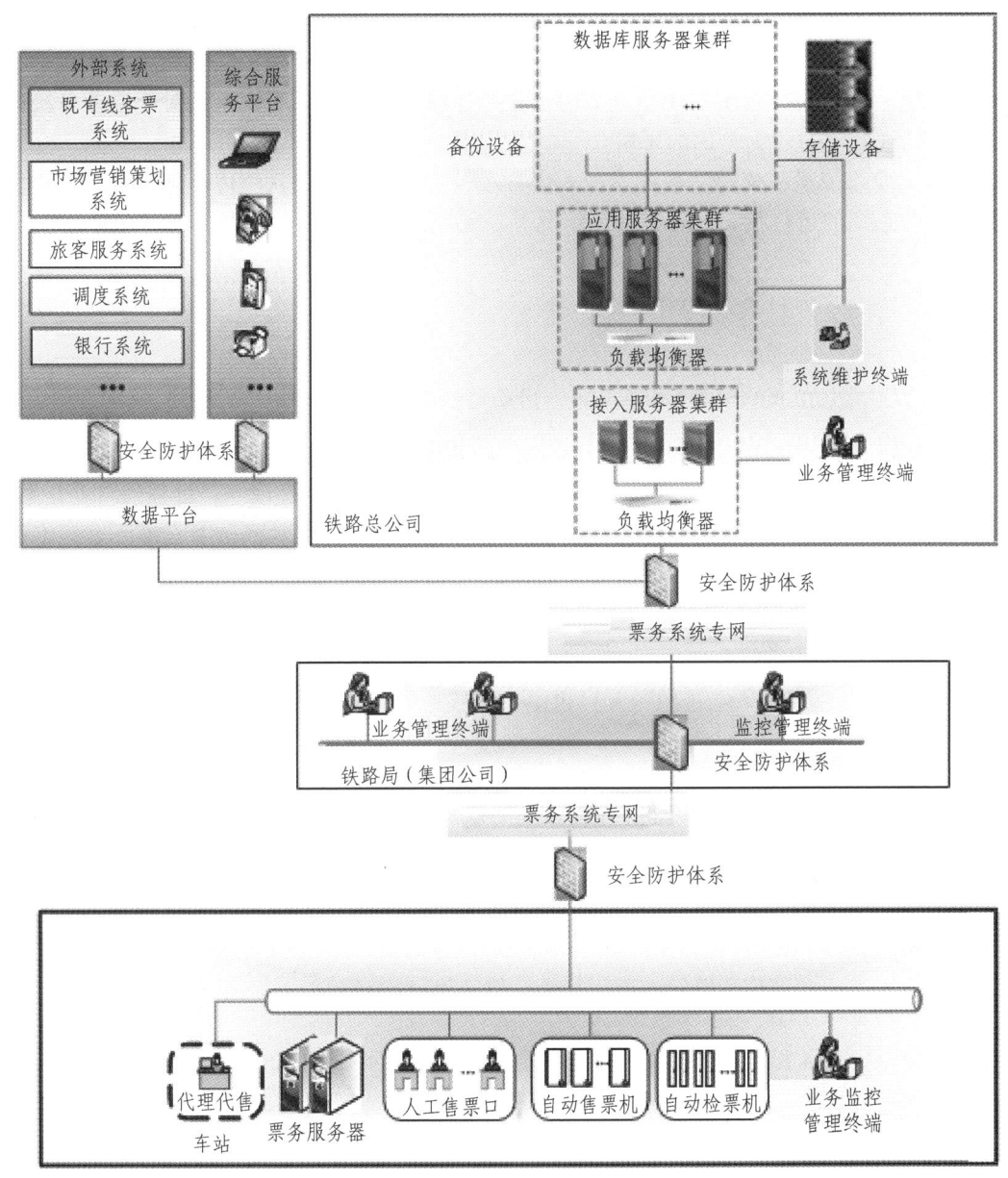

图 5-13 票务系统（系统结构）

储值卡管理子系统是对铁路或铁路与银行联合发放的具有储值功能的消费卡及其运用管理的子系统。席位管理子系统是客运专线票务系统的核心服务系统，为各个系统提供席位的生成、搜索、占用、修改、删除等关键处理服务，利用先进、成熟的数据处理技术，以高效可靠的处理策略对席位进行管理，保障席位查询占用的高效性、席位修改与存根记录的一致性、席位利用的可塑性。

票价计算子系统完成客运专线车票票价计算的功能。径路计算子系统根据旅客的旅行线路需求，在列车运行图信息、线路信息以及其他相关交通线路信息的基础上进行线路连接计算，为旅客提供存在的各种换乘方案，同时能够根据不同的策略对乘车线路进行优化，提供里程、时间及票价等相关信息。

收入管理子系统满足客运售票、退票款等收入管理的要求和客运专线各级收入部门对旅客运输收入的审核、管理需求，对各类交易数据进行统计汇总。

统计子系统为用户提供方便、灵活的报表统计功能，使各级工作人员对于票务系统的业务情况、营业状况有较为全面的了解。

系统管理监控子系统辅助系统管理人员管理、监控系统相关软硬件基础平台、专用硬件设备、业务系统的运行状态、资源使用情况等，保证系统能够安全、稳定、高效地运行。

（二）自动售检票（AFC）系统

1. AFC（Automatic Fare Collecting，自动售检票）系统

AFC 系统是票务系统中一个重要子系统。自动售检票系统是基于计算机、通信、网络、自动控制等技术，实现售票、检票、计费、收费、统计、清分、管理等全过程的自动化系统。

我国客运专线通过自动售检票系统完成检票功能与辅助售票功能，并在城际客运专线上将逐步推出利用智能储值卡直接刷卡乘车的售检一体化服务方式。

2. AFC 各层次的功能

一般 AFC 共分为车票、车站终端设备、车站计算机系统、线路中央计算机系统、清分系统等 5 个层次。

第一层——车票。乘客所持的车费支付媒介。

第二层——车站终端设备。安装在各车站的站厅，直接为乘客提供售检票服务的设备。

第三层——车站计算机系统。其处于整个 AFC 系统的中间层。向下实施对车站各类 AFC 终端设备的集中控制，实时监控终端设备的运行状况、采集交易记录、下传控制指令、生成车站一级的统计报表，具有自行诊断和紧急状态处理功能。向上与中央计算机系统通信，上传本站交易记录、设备状态信息、操作日志，接收运行参数、控制指令 3 等信息。在网络故障时提供备份存储功能。

第四层——线路中央计算机系统。其主要功能是收集本线路 AFC 系统产生的交易和审计数据，并将此数据传送给清分系统，以及与其进行对账。

第五层——清分系统。主要功能是统一 AFC 系统内部的各种运行参数、收集 AFC 系统产生的交易和审计数据并进行数据清分和对账。

（三）电子客票

电子客票是客票管理和服务流程电子化、虚拟化的实现，是为旅客提供个性化、多样化服务的基础。通过电子客票应用，将车票电子化和虚拟化，实现电子化的订票、支付、变更、登乘、结算、个性化服务等全过程旅行服务。使旅客的认证从传统的客票演变成网络传递的电子认证。

在 12306.cn 网站购买的铁路电子客票，是以电子数据形式体现的铁路旅客运输合同，与纸质车票具有同等法律效力。购票时以 12306.cn 网站确认交易成功的时间作为铁路旅客运输

合同生效的时间，退票时以 12306.cn 网站确认交易成功的时间作为铁路旅客运输合同终止的时间，改签所涉及的原车票退票、换（购）新票分别按照退票、购票处理。铁路电子客票不办理挂失，不允许转让。用户在 12306.cn 网站购买车票时所使用的乘车人有效身份证件以及 12306.cn 网站确认用户购票成功后给予的订单号码，是用户凭以在铁路售票窗口办理换票、改签、退票或者检验票等相关手续的有效凭证。12306.cn 网站确认用户在 12306.cn 网站购票交易成功后，根据购票人提供的手机、电子邮箱将所购车票信息以短信、电子邮件的方式通知购票人。

（四）实名制车票丢失

如果旅客购买实名制票后丢失车票时，可不晚于票面发站停止检票时间前 20 min 到车站售票窗口办理挂失补办手续。办理时，须提供购票时所使用的有效身份证件原件、原车票乘车日期和购票地车站名称等，经车站确认无误后，须按原车票车次、席位、票价重新购买一张新车票。旅客持新车票乘车时，应向列车工作人员声明；到站前经列车长确认该席位使用正常的，将开具客运记录交给旅客。旅客应在到站后 24 h 内，凭客运记录、新车票和购票时所使用的有效身份证件原件，至退票窗口办理新车票退票手续，按规定核收补票的手续费。超过规定时间提出的、原车票已经退票的或者已经挂失补办的，不办理挂失补办手续。办理时，原车票已经改签的按改签后的车票办理挂失补办手续。

二、旅客服务系统

客运服务系统是铁路智能运输的一个重要组成部分，是在较完善的铁路基础设施条件下，以先进的数据通信传输、自动化控制和计算机信息处理等技术信息为支撑，通过客运服务价值、运营模式和信息化集成创新，有效融合铁路客运服务流程、服务设施和 IT 支撑系统，实现对全路旅客服务的监督、管理和统计分析，并完成公共数据管理和音视频基础信息库的制作，以及视频监控等功能。高速铁路旅客服务系统是以信息的自动采集为基础，以为旅客旅行各环节中的查询、订票、购票、旅行指南等全过程、全方位、层次化的信息服务为目标，实现客运车站信息自动广播、导向、揭示、监控等功能，提供互联网、呼叫中心、移动通信等多种途径信息服务的系统。为客运人员实现服务业务的可视化、可控化和自动化，为决策者制定旅客列车开行方案、票价和客票销售策略提供科学依据。旅客服务系统涉及旅客站车服务各环节的内容，运用多样化的服务手段为旅客提供优质的服务，实现旅客服务和运营管理的信息化。

1. 旅客服务系统结构

旅客服务系统的设置旨在体现以人为本的理念，在旅客出行前、进站、候车、乘车、换乘、出站等各环节上提供全方位的信息服务，通过引导、揭示、广播、监控、查询、求助、时钟、应急、投诉、寄存、站台票发售、残障旅客服务和延伸服务等多种服务手段，形成统一的旅客服务平台。旅客服务系统总体上为旅客服务中心系统和车站系统两级架构。设置若干个旅客服务中心系统，实现服务策略的定制和车站服务状况的监控，从运营调度系统和 CTC

获取运行图信息，按照客运服务的需求进行整理后，下载到所辖各车站。车站后台设置小型管理系统，实现对服务设备设施状态的设置和临时服务信息的调整。旅客服务系统结构如图5-14 所示。

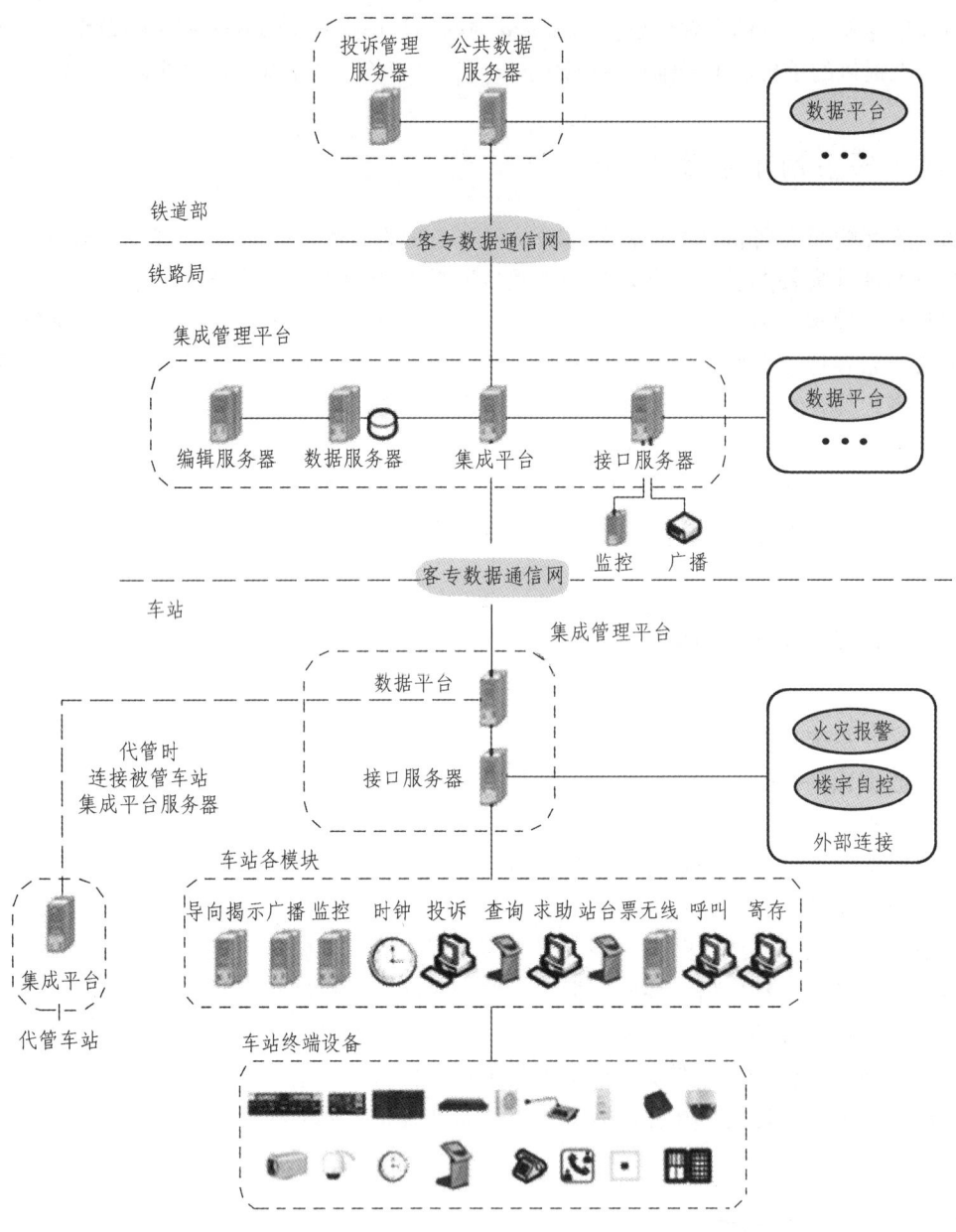

图 5-14 旅客服务系统（系统结构）

2. 旅客服务系统功能

旅客服务系统主要包括导向揭示系统、公共广播系统、监视系统、信息服务系统、时钟系统、投诉系统、求助系统和延伸服务系统等子系统。旅客服务系统功能如图 5-15 所示。

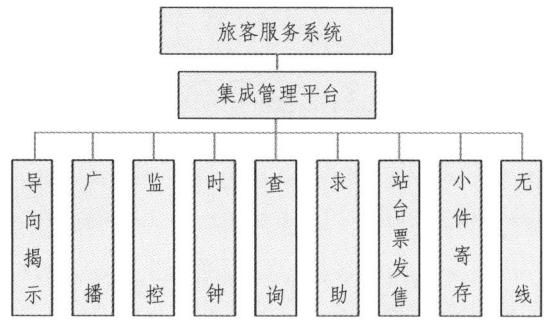

图 5-15 旅客服务系统（系统功能）

集成管理平台把分离的各个系统按照统一的接口标准集成到集成管理平台，提供综合业务操作，实现信息共享和功能联动。车站集成管理平台结构如图 5-16 所示。

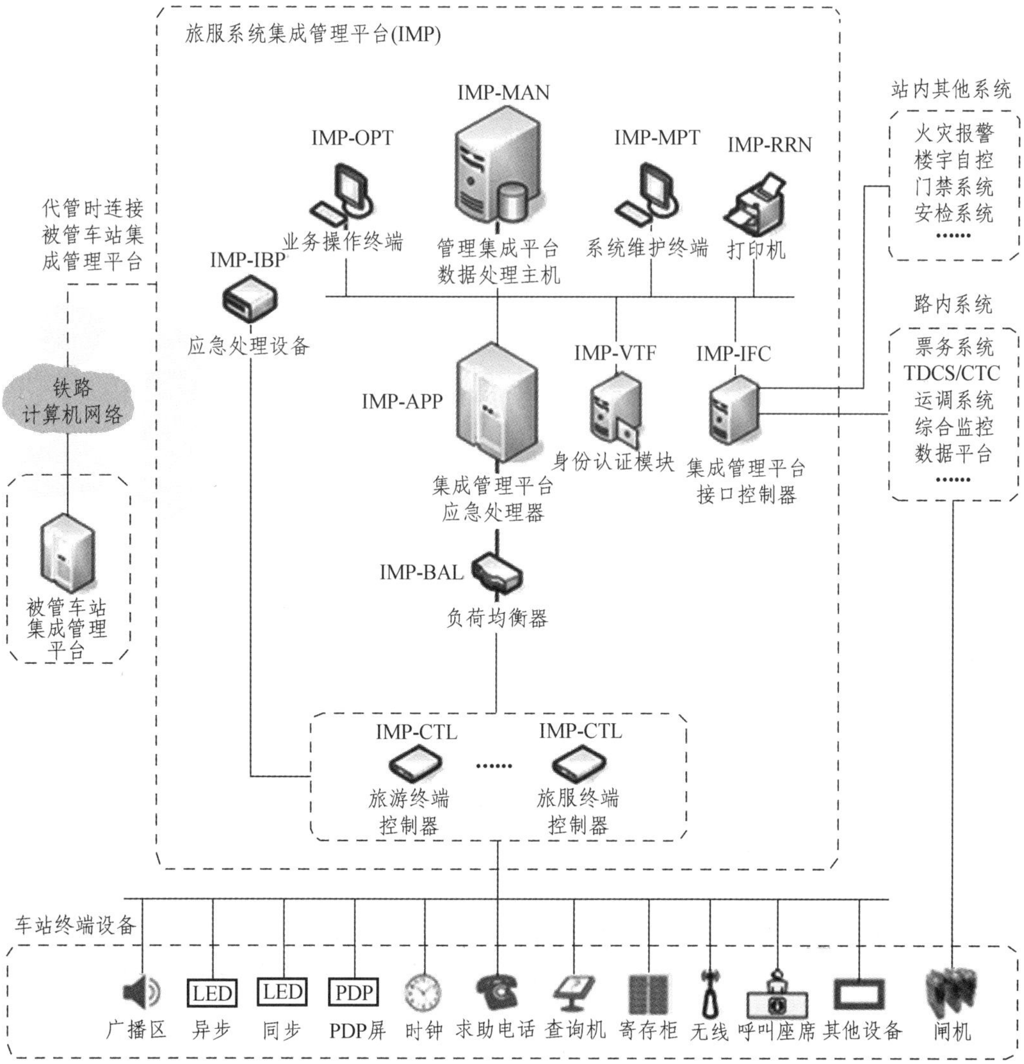

图 5-16 车站集成管理平台结构

导向揭示系统在旅客进站、购票、候车、检票、乘车、出站等各个环节上为旅客提供及时准确的动、静态信息服务。信息内容主要包括：列车时刻信息、票务信息、列车到发通告、车站空间说明、服务设施说明、市内交通、天气情况、旅客出行相关信息等。导向揭示系统以车站为核心，有不同地点的显示屏、到发通告终端机静态显示屏上显示动、静态图形、图像、文字和视频信息。

高速铁路公共广播系统采用数字音频控制和传输技术，将多路信源同时传输到不同的分区，保障旅客和工作人员能够在整个站区内清晰明确地获取音频信息，在特定情况下，能够实现紧急情况广播。公共广播系统向旅客播报铁路通告、列车运行时刻、票务、站内设施说明、站内环境说明、旅客乘车、安全提示及与旅行相关的信息等。在公共广播系统中，音响设备是不可或缺的重要组成部分。扬声器的选择和摆放决定了一个系统的优劣。因此，必须在系统实施初期就要充分考虑音响设备的选购和安装问题，广播信息要求统一、易懂、完整、简洁、准确。

视频监视系统，是运用多媒体技术、计算机网络技术和音、视频技术对高速铁路车站整个站区内的服务对象和服务设施进行视频监视，以提高综合管理和服务水平、保证车站工作组织和安全的重要部分。其目的在于使监控中心指挥人员及时观察到车站广场、进出站口及通道、售票厅、候车区、检票区、站台等旅客停留区域的客流动态、安全情况、现场工作情况。有利于正确有效地疏导客流、处理问题，充分保证车站、机车及旅客安全。同时，它也是调度员和车站值班员提高行车指挥透明度的重要辅助工具。当车站发生突发性危急事件时，监视系统可作为管理员指挥抢险的重要指挥工具。视频监视系统由前端设备、传输线路设备、终端控制设备及显示记录设备 4 个主要部分组成。前端部分包括多台摄像机及与之配套的镜头、云台、防护罩、解码驱动器等；传输部分包括电缆或光缆以及可能的有线／无线信号调制解调设备等；终端控制部分主要包括视频切换器、云台镜头控制器、操作键盘、控制通信接口、电源和与之配套的控制台、监视器柜等；显示记录部分主要包括监视器、录像机、多画面分割器等。机房设备主要有控制部分和显示记录设备。

时钟系统从统一的时钟源获得标准时间，实现整个站区内各个子钟及相关系统与统一时钟源的时钟同步，为旅客和车站工作人员提供准确的时间信息。

查询系统以客运服务系统数据平台为主要数据源，采用触摸屏、计算机、多媒体、网络和接口等技术，为旅客主动获取出行相关信息提供渠道，车站控制中心系统能够对提供旅客查询的信息进行收集、加工、分类、管理。查询系统为旅客提供查询的信息包括：列车运行图信息、列车时刻表信息、票务信息、站内环境说明、站内服务设施说明、市内交通、天气情况、旅客出行相关信息等。

投诉系统是高速铁路旅客服务的投诉处理平台，旅客可通过拨打 12306 电话、写信、上网等形式进行投诉和建议。投诉中心对投诉信息进行收集、分类、归档、存储，不能自动收集的信息，提供人工编辑输入工具。系统能够按照预置的处理流程，对于能够自动应答的投诉或建议，自动进行处理；不能自动应答的投诉或建议，提示人工进行处理。系统能够按照业务需求设置，定期生成投诉和建议旅客回访名单。车站设置人工投诉台，工作人员通过投诉终端记录投诉信息和处理结果。

求助系统以计算机电话集成技术为基础，采用摘机通话的对讲分机或求助按钮，通过与监控、查询系统的有机配合，响应旅客的紧急求助需要，使旅客及时获得车站工作人员的帮助。求助系统的主要功能是实现免拨号通话、多路呼人排队、事件记录、电话录音、交换机故障检测及自动报警、线路实时监测。

站台票发售子系统完成客运专线车站的站台票发售工作。

无线子系统采用无线通信技术，为车地、站车信息交互提供无线网络支撑平台。

寄存子系统允许旅客以自助的方式存放小件物品，为旅客提供便捷服务。

呼叫中心子系统以电话方式，在旅客旅行的各环节中为其提供全方位的查询、咨询、订票、投诉、建议等服务，成为客户与铁路之间沟通、互动的重要渠道。

互联网服务子系统以满足旅客的需求为出发点，在高度信息安全保障的基础上，建立客户与铁路服务者之间沟通和互动渠道。以互联网接入方式，在旅客旅行的各环节中为其提供全方位的查询、咨询、订票、投诉等服务。铁路通过互联网开展宣传、信息发布、市场调查等业务。互联网服务子系统可以为高速铁路票务系统、旅客服务系统等提供对外统一的服务途径。互联网服务子系统采用 Web 信息发布、动态网页制作、数据库集群、负载均衡、信息安全技术，以数据库为核心，采用网站、电子邮件、短信等方式，以票务子系统、旅客服务子系统、数据平台和其他子系统为业务支撑，实现旅客与铁路的沟通。通过对铁路信息的汇总，设置面向旅客的、开放的信息门户网站，实现铁路信息发布。

三、高速铁路客运营销与策划系统

市场营销策划系统适应客运市场营销需要，满足反应敏捷、实时决策、优化方案、综合评价、适应竞争等要求，提高铁路运输企业的客运组织管理水平和决策分析能力。高速铁路客运营销策划系统是面向高速铁路内部经营管理人员的应用系统，以铁路运力资源为基础，以客运市场变化为依据，形成客运市场调查与分析预测、运营策划、分析与评价 3 个部分。其中，市场调查与分析预测部分的应用，以完备的市场调查手段与分析方法，及时准确地掌握客运市场动态，预测未来的市场发展趋势，提供客流调查、分析与预测结果信息；运营策划部分的应用，利用既有客流信息、客流预测信息、运能运力信息，实现客运产品设计，并提供多种备选设计方案；分析与评价部分的应用以经营效益为核心，针对不同的用户对象，提供日常管理过程中的客运生产情况的统计查询功能，事后的分析、评价功能，为管理者提供决策支持。

1. 高速铁路客运营销与策划系统架构

系统为一级架构两级管理。上级系统以数据仓库为核心，完成客票数据、客服数据、路网数据、地理信息、列车信息、市场信息的采集，数据质量检查，数据的清洗、转换和加载，整合并加载到市场营销策划数据仓库中，同时在数据仓库上开发市场调查与分析、列车开行方案设计、销售策略制定、票价策略制定、分析评价、客户关系管理等应用，为铁路客运营销分析提供强有力的信息和技术支持。

下级系统主要完成市场调查数据的采集，数据上传到上级市场营销策划系统。下级系统的营销分析、预测、决策、策划、开行方案设计等工作，由下级系统提交上级系统进行处理，其结果下发给调用者。

市场营销策划系统可以划分为数据层、数据通信与采集层、数据存储与管理层、应用层和信息访问层。整个系统依托网络基础设施，由业务平台支撑，在安全保证体系和运行管理体系的基础上运行。高速铁路客运营销与策划系统架构如图 5-17 所示。

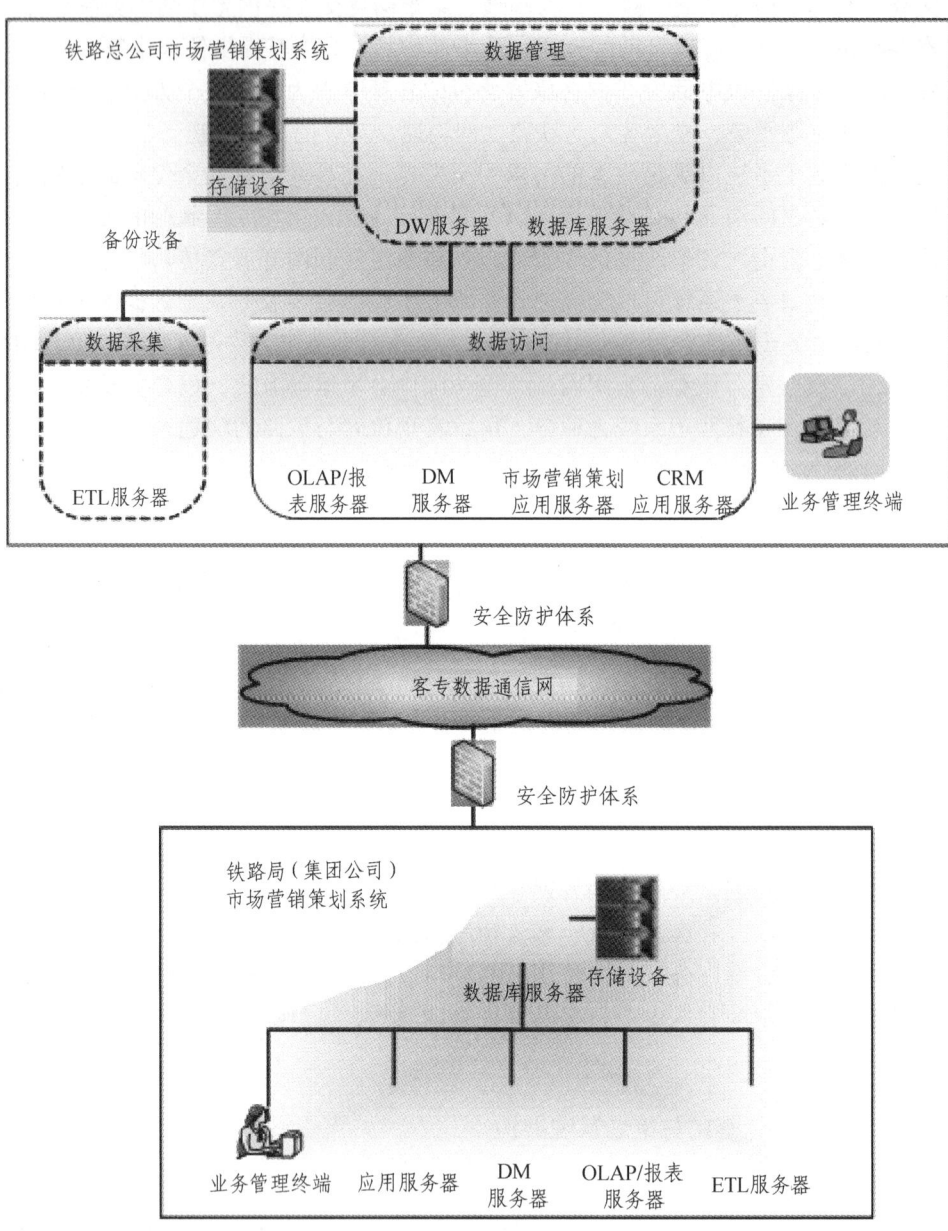

图 5-17 市场营销策划系统（系统结构）

2. 高速铁路客运营销与策划系统功能

高速铁路客运营销与策划系统构成：系统管理子系统、数据管理子系统、市场调查与分析预测子系统、辅助决策子系统、分析评价子系统、客户关系管理系统。高速铁路客运营销与策划系统功能如图 5-18 所示。

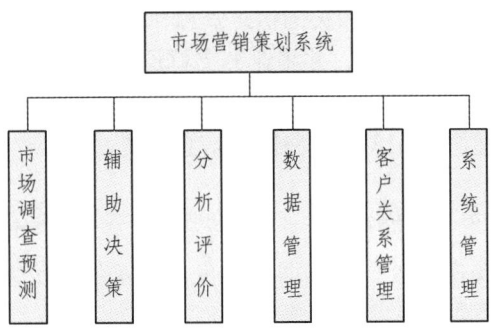

图 5-18　市场营销策划系统（系统功能）

系统管理子系统是保证市场营销策划系统运行秩序而提供的系统级管理、维护与监控手段。

数据管理子系统是对业务范围内进入和存储在系统中的数据进行有效管理，确保数据随时间、空间的持续可用性，在出现硬件问题、人为错误或发生灾难情况下保证业务运行的稳定性，同时对数据实施保护和加密策略，防止非授权访问和违规修改。

市场调查与分析预测子系统通过完备的市场调查手段与分析方法，完成长、短期的常规和专项客流调查与分析预测，帮助业务管理人员及时准确地掌握客运市场动态，为业务决策提供信息支持。

辅助决策子系统完成客运产品设计及运输组织方案设计工作。如制定旅客运输计划、开行方案设计、销售策略制定、票价策略制定。

分析评价子系统依据铁路客运经营效果分析评价参照的指标体系，实现客运指标统计查询展现、旅客列车效益分析、列车开行方案评价、客运资源运用评价的功能，并在实践中检验客运指标体系的有效性、合理性，提出客运指标体系改进的建议方案。

客户关系管理系统是客运服务系统与客户之间交互信息的平台，也是整个客运服务系统实现客户信息有效整合的必要手段。客户关系管理包括客户档案管理、客户等级管理、客户信息查询与维护、客户交易信息管理、客户培育管理、客户分析、客户资源计划制定等功能。

四、铁路客户服务中心

铁路客户服务中心是铁路与客户（旅客和货主）间的沟通桥梁，利于实现及时、主动的互动交流。通过铁路客户服务中心，不仅客户可享受到更加全面、优质、透明的服务，而且铁路也可打造企业品牌，提高企业经营管理效率，提升铁路服务水平，实现共赢，提高社会对铁路服务的满意度。铁路客服全国统一号码 12306。

1. 铁路客户服务中心系统架构

铁路客户服务中心为中央级和区域级两级架构，以网站、短信、语音 3 种接入方式为客户提供服务。逻辑架构分为用户层、接入层、应用整合层（集成平台）和业务支撑层。

用户层：客户用于访问铁路客户服务中心的终端。

接入层：采取相应网络安全防护措施保护渠道安全，为客户提供相应的服务界面（网站、语音平台、短信平台），接受客户请求，提交应用整合层进行处理，并将结果返回客户。

应用整合层：整合与客货运服务相关的信息资源，处理并完成由接入层提交的查询请求，对于交易请求提交给业务支撑层，并将业务支撑层的处理结果返回接入层。中央级与区域级集成平台之间实现信息的共享与交互。

业务支撑层：与客货运服务相关的铁路既有信息系统。

2. 铁路客户服务中心系统功能

铁路客户服务中心主要由业务信息查询与发布、业务办理导航、营销服务、投诉与建议管理、综合信息服务及系统管理6个子系统构成。

业务信息查询与发布子系统主要实现铁路客运与货运相关信息的查询与发布功能。

业务办理导航子系统接受旅客预订车票请求，通过链接客票发售和预订系统完成客票预订，及通过电子支付平台完成在线交易。

营销服务子系统包括客户关系管理、市场调查信息收集、客货运产品宣传信息、电子支付等功能。

投诉与建议管理子系统为旅客提供渠道，受理客户投诉与建议，及时反馈处理意见，为铁路服务质量评价体系提供相关数据。

综合信息服务子系统包括铁路新闻查询、公告查询、铁路建设查询、铁路知识查询、延伸信息服务查询、铁路相关法律法规及规范性文件查询功能。

系统管理子系统主要功能包括管理员权限分配管理、新闻图片定期更新、Email或留言板管理、设备状态等。

第五节　高速铁路动车组应急处理

一、动车组列车空调故障的应急处理

（1）空调失效但列车可维持运行时，调度部门接到通知后应重点掌握。空调失效超过20 min不能恢复时，列车长可视情况通知司机向列车调度员提出在前方最近客运营业站停车请求。

在车站停留时，应打开车门通风。必要时，站车共同组织将旅客疏散到车站安全处所，等待故障修复、救援或组织旅客换乘其他旅客列车。

（2）动车组列车因故停车不能维持运行、空调失效超过20 min不能恢复时，列车长应及时与司机、随车机械师沟通，视情况做出打开车门决定，并通知动车组司机转报列车调度员。

列车长组织列车员、乘警、随车机械师、餐饮、保洁等乘务人员确定应急方案，在车厢内运行方向左侧（非会车侧）车门处安装防护网。打开车门的具体位置、数量由列车长根据动车组乘务人员的配置情况确定。CRH$_5$型动车组车门可安装防护网。

防护网安装完毕，随车机械师确认安装状态后报告列车长，列车长通知司机申请停车。

列车长组织乘警、列车员、餐车工作人员及随车保洁员值守，严禁旅客自行下车。列车乘务人员（含餐饮保洁）应当将车门处的旅客动员到车内，严格值守车门。

列车停稳后，随车机械师手动打开车门，对塞拉门门携架用尼龙扎带捆绑，并确认状态后通知列车长，列车长在确认防护后报告动车组司机，司机在接到限速命令后，方可按规定起动列车。

（3）需要组织旅客下车或换乘其他列车时，应在车站站台进行，车站与列车一起组织旅客乘降。必须在站内正线或区间组织旅客下车或换乘时，需经铁路局主管运输副局长（总调度长）批准，同时要做好安全防护，以防发生意外。CRH_1、CRH_2、CRH_3 型动车组若停靠在 500 mm 及以下站台或无站台时，需组织旅客通过应急梯下车。

二、动车组列车发生旅客误按紧急制动阀或报警按钮的应急处理

（1）动车组列车发生旅客误按紧急报警按钮时，列车乘务员应了解情况，根据乘车信息系统显示，及时将紧急阀复位（吸烟报警时，列车长第一时间到场确认，并及时与司机沟通情况）。

（2）通过车载电话与司机说明情况，说明停车原因。

（3）连同乘警了解当事旅客姓名、地址、身份证号码、联系电话和事情经过，并形成详细的书面记录。

（4）及时了解停车后车厢旅客情况，发生旅客意外时按照因意外造成旅客伤害处理。

（5）及时向单位领导汇报。

注：因吸烟引起报警应急处置同上。

三、动车组运行中停电应急处理

（1）动车组列车运行中发生车厢照明突然停电时，客运乘务员要立即通知车辆机械师到场处理。检查各车厢的应急电源开关是否处于闭合位，保证应急电源装置正常工作，并迅速查找原因修复故障、恢复供电。

（2）列车因故障不能满负载供电时，机械师要根据实际情况，立即通知列车长，暂时停止使用部分电器。列车长要按照机械师要求组织列车员关闭用电量大的设备，尽量减少用电负荷，以保证蓄电池不过放，必要时可保留应急灯和轴报、防滑、监控系统用电，其他负荷全部关闭。

（3）列车长、乘警应及时到场，加强安全宣传和治安管理工作，稳定车内秩序，严防不法分子乘机破坏，做好专运人员和重点旅客的安全保护及服务，同时向旅客做好正面解释工作。

（4）停电车厢应派乘务员坚守岗位，加强车厢巡视，做好安全宣传，严禁使用明火照明。

（5）列车长应会同机械师，查明原因立即向上级汇报。

四、动车组列车发生旅客集体拒绝下车的应急处理

（1）车站在接到因动车组列车晚点旅客集体拒绝下车的信息时，车站站长（副站长）及有关车间干部要立即赶到现场，了解情况，亲自指挥，立即组织部署客运、公安增加人员接车。

（2）公安段（派出所）在接到车站通知后，要立即组织足够力量到现场维持秩序。

（3）动车组列车晚点到达后，车站应组织有关人员向旅客做耐心的解释工作，尽快组织旅客下车出站，对拒绝下车的旅客，全力做劝说工作，请旅客下车到专门地点进行处理。

（4）列车工作人员应协助车站工作人员做好说服解释工作。

（5）因晚点造成旅客没有赶上所乘列车时，车站安排人员及时为旅客按章办理改签、退票手续。

（6）旅客因晚点集体拒绝下车事件处理情况，车站应及时向客调汇报，处理完毕向客运处汇报。

（7）处理发生旅客滞留列车时应注意的问题：

① 发生旅客以滞留列车的方式向铁路要求晚点或空调故障赔偿时，站车工作人员应当以说服劝解、诚恳道歉为主，耐心细致地做好解释工作和相关法律法规的宣传工作，稳定情绪，化解怨气，力争取得旅客的理解和配合。

② 公安部门要积极配合客运部门，认真开展滞留旅客的说服工作，争取理解和支持。同时，要向旅客宣传法律知识，告知可以通过其他合法渠道和方式维护合法权益，劝说旅客听从车站工作人员的安排到指定地点协商解决，并协助车站工作人员引导旅客下车。

③ 公安部门在全力协助过程中，严禁携带枪支。客运部门在宣传和说服旅客离开车厢时，现场应有公安人员维持秩序，经反复工作劝离无效时，公安人员应宣布《关于严禁旅客滞留列车维护铁路运输秩序和安全的通知》，并组织足够的公安警力，对拒不下车的人员依法采取措施带离车厢。对煽动旅客滞留车厢和扰乱列车治安、破坏铁路运输秩序，用暴力手段对抗执法的个别人员，要认真调查取证，依法追究法律责任。劝阻中要依法依规，有理有节，文明执法。

五、动车组列车车门发生故障的应急处理

（1）列车到站，司机操作门释放和开门按钮后，要从司机室 IDU 上确认全列车门是否"释放"打开，如未"释放"，及时使用对讲机通知列车长，列车长通知各车门监控人员使用三角钥匙采取本地操作的手动模式开、关车门。

（2）列车到站如发生个别车门未自动开启，且监控人员使用三角钥匙本地操作的手动模式开门无效时，监控人员及时使用对讲机通知列车长，并宣传引导旅客到相邻车门下车。列车长接到汇报后，立即和司机联系，并与随车机械师赶到现场处理。随车机械师确认车门故障一时无法修复时将该门隔离并通知列车长，此后各停靠站均引导旅客到相邻车门上、下车。随车机械师确认车门修复后告知列车长，列车长确认旅客乘降完毕后通知司机发车。

（3）列车开车如遇有车门未自动闭合时，比照上面两条汇报处置程序办理。

（4）因车门故障导致旅客越站时，列车长按规定与车站办理交接，无需下车处理后续事宜。

（5）因车门故障导致旅客无法正常上下车时，由列车长、乘警、列车工作人员配合，认真开展旅客的宣传安抚工作，劝导旅客保持冷静、看好行李、听从站车工作人员的指挥。

六、动车组列车临时停靠低站台时的应急处理

1. 列车的处理

（1）动车组列车进站前或已知列车在中间站变更到发线停车，在低站台停车时，列车乘务员应认真进行车门瞭望，确认站台位置和车站采取的应急措施后，打开车门后列车乘务员要先行下车立岗，方可组织旅客乘降，保证旅客安全。

（2）遇特殊原因，列车需在无站台停车或列车尾部未靠站台停车时，列车乘务员要先确认邻线有无列车通过、有无危及人身安全的障碍物和车站采取的应急措施后，在有车站工作人员接车的一侧组织旅客乘降，打开车门后列车乘务员要先行下车立岗，保证旅客安全。

2. 车站的处理

（1）车站应按动车组车门数量配备相应数量的木梯，梯面加装橡胶防滑垫，妥善保存以备应急。

（2）车站运转室接到动车组进入低站台的通知后，应立即通知值班站长和客运广播室，广播室要加强与运转集中楼联系，确认动车组列车进入股道及停靠站台，并及时通知客运值班干部及有关作业人员。

（3）接到通知后，车站值班干部、客运值班员、执勤民警及其他人员要做好接车前的各项准备工作，提前 20 min 上岗，到达指定位置，并巡视责任区范围内站台、线路有无闲杂车辆、物品、人员，做到清理及时。

（4）客运接车人员上岗要携带便于旅客上下的木梯等备品，根据停车标，确定木梯放置位置，做好旅客乘降的准备工作。

（5）检票口要做好对旅客的宣传组织工作，检票前告知旅客动车组即将停靠的站台，宣传低站台上车注意事项，检票后要有专人引导旅客到达指定站台。

（6）客运接车人员对进入站台等候上车的动车组旅客要按照停车位置组织排队上车。列车进站前、停稳后放好扶梯，协助旅客上下。

（7）旅客上下完毕要及时撤下木梯，将乘降梯撤离至安全线以外，防止木梯掉下站台危及行车安全。

（8）遇雨、雪、雾不良天气，接车客运干部要做好必要的防护准备。

（9）动车组在低站台停靠时，客运值班干部必须亲自上岗指挥，盯控作业全过程，确保旅客乘降安全。

七、对座位号有误旅客的安排处理

（1）遇有重号的旅客，应认真核对两位旅客车票，如果确认是重复的座位号码，应先向

旅客致歉，听取两名旅客的意见，观察哪一名旅客有想调换其他座位的意向。

（2）乘务员应及时报告列车长，列车长根据旅客人数判断同等级车厢是否有空座，尽量安排旅客尽快就座。不要让旅客自行在车厢内找空位就座，以免造成旅客座位号码再次重复而引起不满甚至导致投诉等。

（3）车内旅客较多，不便当时处理的，乘务员可以帮助重号旅客（或后到的重号旅客）提拿行李，到服务间内稍加等候，等全部旅客上齐后，让重号旅客在相同车厢等级的基础上，协助旅客选择空余座位入座。

（4）确定旅客人数不是很多的情况下可征求旅客的意见，喜欢就座靠过道还是靠窗户的座位，尽量满足旅客要求。

（5）如在开车后发现车站售票系统故障导致售票错误（重号、超票额售票）时，应对误售旅客利用剩余座位进行妥善安置（可不受车厢、席别限制），主动向旅客做好解释工作，并向路局客调汇报。

（6）属于售票系统较大故障不能正常按票额发售有座位票，导致旅客乘车秩序混乱（车票无座号、无票人员较多时），列车长要以大局为重，积极与车站联系，组织列车工作人员（必要时可请乘警、保洁人员协助），有条件每车厢一人，对旅客进行疏导，安排座位，要首先保证重点旅客的安置。遇车内出现严重问题或局面不好控制时要及时向路局汇报。

八、动车组列车运行中发生事故，旅客需紧急逃生时的应急处理

（1）列车停车后，在车门能正常开启时，列车长立即通知司机，由司机打开所有靠线路外侧的车门；在列车断电、司机无法操纵打开车门时，由列车长组织列车工作人员手动解锁开门。

（2）列车长迅速组织工作人员按照分工，在每个车门处进行防护，组织旅客下车。

（3）在车门不能正常开启时，列车长迅速通过广播（因断电无广播时，由列车人员在车厢中部位置）向旅客宣传疏散程序、安全注意事项，工作人员迅速组织旅客使用安全锤击破紧急逃生窗，组织旅客撤离车厢。

（4）事故中发生人员伤亡时，列车长要及时安排专人救助。

（5）所有旅客撤离车厢后，列车工作人员组织旅客沿线路外侧向安全地带转移，将旅客安置在安全地带等待救援，同时做好安全宣传、引导。乘警负责在旅客疏散过程中的防护警戒工作。

（6）应急处置后，列车长应及时向客服调度、客运段汇报，客服调度、客运段接事故报告后，立即组织开展后续救援工作。

复习思考题

1. 高速铁路售票渠道主要有哪些？
2. 如何通过互联网购买车票？
3. 高速铁路客运站服务有哪些？
4. 什么是电子客票？

5. 高速铁路列车服务包括哪些内容？
6. 实名制车票丢失如何处理？
7. 高速铁路旅客服务工作原则是什么？
8. 动车组列车乘务组如何组成？各负责哪些工作？
9. 动车组安全设备及使用方法是什么？
10. 旅客服务系统包括哪些？
11. 高速铁路客运营销与策划系统包含哪些子系统？
12. 铁路客户服务中心主要由哪些子系统组成？
13. 动车组如何进行应急处理工作？

第六章 CTC调度指挥与列控系统

第一节 CTC调度系统的构成及分类

新一代调度集中系统，是在计算机技术、通信技术、信号技术高度发达以及DMIS系统成功实施的基础上，提出的一种新型的行车指挥和信号控制设备。

CTC系统包含了TDCS系统的所有功能，如列车运行监视、车次号自动跟踪、到发点自动采集、实际运行图自动生成、调度命令的网上下达、车站行车日志自动生成等，在此基础上进一步实现了车站信号设备的集中控制，列车进路的按图排路和调车控制。

调度所每个CTC调度区段一班设列车调度员、助理调度员。列车调度员是主要的行车指挥人，助理调度员受列车调度员指挥。

CTC区段的车站设车站值班员、助理值班员，根据需要设信号员（长）；调度集中区段的车站车务部门仍按原岗位设置行车人员，无人车站仅设两名车务人员担当应急车站值班员，负责突发事件时及时转为非常站控，处理非正常情况下的行车组织工作。

一、调度员岗位职责

1. 列车调度员的主要职责

（1）列车调度员是本调度区段行车工作的统一指挥者，履行《技规》、《行规》、《铁路运输调度规则》等有关规章规定的职责。

（2）调整列车运行计划和到发线使用。

（3）发布列车运行调度命令、有关行车凭证和口头指示。

（4）与相邻调度台交换列车运行计划。

（5）对需要人工排列的进路，与助理调度员执行"二人确认制度"。

（6）设置、取消临时限速，并与助理调度员执行"二人确认制度"。

（7）及时编辑设备施工、检修等调度命令。加强与施工调度员、供电调度员的联系，组织兑现月度施工方案和天窗计划。

（8）负责铺画施工和维修计划。

2. 助理调度员的主要职责

（1）接受列车调度员的领导。

（2）监视列车的运行情况，监控管辖各站列车进路和调车进路的排列情况。如设备不能自动动作时，进行人工排列进路和开放信号。

（3）特殊情况下，与非 CTC 控制区的车站（车场）值班员办理行车手续。

（4）与列车调度员执行"二人确认制度"，完成列控限速的设置、取消工作。

（5）分散自律模式时，担任调车领导人，及时编制调车作业计划，向车站和司机下达调车作业计划。

（6）负责在 CTC 系统调度操作终端上对线路无电、封锁等信息的设置及撤除。

二、CTC 调度系统构成

CTC 系统由调度所设备、车站设备以及调度所与各车站之间的网络系统构成。

（1）调度所设备包括：电源系统、数据库服务器、应用服务器、通信前置服务器、系统维护工作站、网管工作站、网络安全设备、列车调度员工作站、助理调度员工作站、综合维修调度员工作站。

（2）车站设备包括：车站自律机、车务终端、电务维护终端、综合维修终端。

（3）网络系统包括：调度所和车站网络设备、双环 2M 网络通道。

三、CTC 系统的操作方式

CTC 控制区段设有分散自律控制与非常站控两种模式。

1. 分散自律控制

分散自律控制模式分为 3 种操作方式：

（1）中心操作方式：中心操作方式，适用于较小的中间站或者无人站，信号设备的控制权限都归中心，车站无直接控制权限。

（2）车站调车操作方式：中心对列车进路有操作权，对调车进路无操作权；车站对调车进路有操作权，对列车进路无操作权；使用于大多数 CTC 控制车站。

（3）车站操作方式：车站操作方式适用于较大型车站，车站具有全部信号设备的控制权，中心无直接控制权限。

2. 非常站控

在非常站控控制模式下，CTC 系统不再发出进路控制命令，所有的列车进路和调车进路由车站值班员在原有的微机联锁设备或 6502 控制台上手工操作。CTC 仅用来接受调度命令和阶段计划，并显示站间透明信息等（降级为 TDCS 使用）。

四、操作台模式转换表示灯的意义

在调度终端、车站控制终端上设置 CTC 系统控制模式状态表示灯，3 种表示灯显示意义如下，如图 6-1 所示。

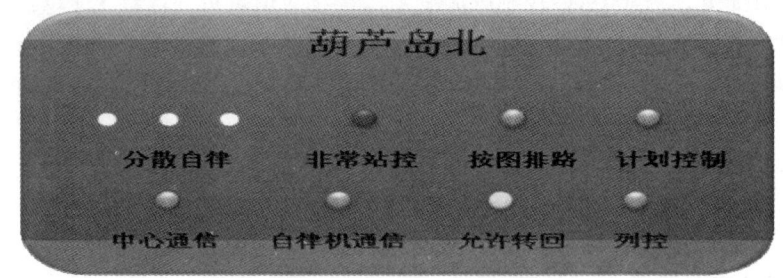

图 6-1 操作台模式转换表示灯

（1）红灯亮：表示非常站控模式。
（2）绿灯亮：表示分散自律控制模式。
（3）黄灯亮：表示允许转回分散自律控制模式。

五、由非常站控模式与中心操作方式的转换条件

分散自律控制模式转向非常站控模式不检查任何条件，但要向列车调度员进行提示报警。非常站控模式转回分散自律控制模式系统应符合以下条件：
（1）CTC 设备正常。
（2）非常站控模式下没有正在执行的按钮操作。
在满足上述条件时，"允许转回分散自律控制模式"的表示灯亮灯后转回分散自律控制模式，否则操作无效。

第二节 CTC 车站行车组织办法

一、CTC 车站行车人员主要工作内容

1. 车站值班员

在 CTC 控制模式下，负责接听调度电话、接收调度命令、监控车务终端或控制台显示器，根据列车调度员（助理调度员）指示。亲自或指派其他胜任人员对站内线路进行检查、确认，向机车乘务员、运转车长递交行车凭证、调度命令。

在分散自律模式下遇到信联闭故障时，及时向列车调度员汇报，并按照列车调度员指示，

负责接发列车进路的检查、道岔的加锁及检查,并及时向列车调度员汇报进路情况。

2. 信号员(长)

在分散自律的车站调车控制模式或车站控制模式,非常站控模式时,信号员(长)按照车站值班员的命令,正确及时地准备接发车进路。根据调车作业计划,正确及时地准备调车作业进路。协助车站值班员,通过车务终端显示屏监视接发车及调车作业。发现异常及时向车站值班员汇报。

二、CTC车站行车作业组织方法

分散自律调度集中区段,有关行车工作由该区段列车调度员直接指挥。该系统分散自律控制的基本模式是用列车运行调整计划自动控制列车运行进路,同时,在分散自律条件下调度中心具备人工办理列车、调车进路的功能。分散自律模式下,原车站微机联锁控制台不起作用。非常站控模式下车站与调度集中系统控制脱离,转为车站传统人工控制模式,调度中心不具备直接控制权,系统车务终端不起控制作用。

1. 车站接发车工作日常组织要求

调度集中控制范围内的车站接发列车,以列车运行调整计划自动控制为基本方式,以调度员人工控制为辅助方式。

分散自律调度集中系统以日班计划为依据,人工和自动调整列车运行计划,经列车调度员批准后适时下达到车站自律机执行。车站自律机依据列车调度员下达的列车运行调整计划自动生成列车进路指令,通过合法性、时效性、完整性和无冲突性的检查后转变为命令,适时下达给车站联锁设备执行。

分散自律控制模式下,车站值班员应通过车务终端监督列车运行,可随时查询上一班及当班列车运行情况、本站及相邻上下行方向各两个车站的列车运行调整计划和进路内容。

2. 车站接发列车线路的规定

在设有隔开设备的车站,列车调度员或车站值班员(应急车站值班员)在人工控制操作办理相对方向同时接车或同方向同时发接列车,需要彼此隔开时,须将接车线末端的进路开通隔开设备。

人工控制操作办理接发客运列车时,列车调度员(助理调度员)须按规定的固定线路办理;车站值班员(应急车站值班员)须按《站细》规定的固定线路办理。

特快旅客列车应在正线上通过,其他通过列车原则上应在正线通过。

原规定为通过的客运列车由正线变更为到发线接车及特快旅客列车遇特殊情况必须变更基本进路时,在列车调度员(助理调度员)人工控制办理的情况下,由列车调度员(助理调度员)使用列车无线调度电话直接告知列车司机,如来不及时,应使列车在站外停车后,开放信号机,再接入靠站台的到发线。

3. 车站发车作业工作组织

发车前，检查确认进路道岔位置正确、影响进路的调车作业已停止后，方可开放出站信号机，交付行车凭证，在旅客上下、列检作业完毕后，指示发车或发车。

发车进路准备妥当，行车凭证已交付，出站（进路）信号机已开放，发车条件完备后，车站值班员（助理值班员）方可显示发车信号或向运转车长显示发车指示信号。

运转车长得到发车指示信号后，确认列车已完全具备发车条件，方可向司机显示发车信号。

司机必须确认占用区间行车凭证及发车信号或发车表示器显示正确后，方可起动列车。

因曲线、天气不良等关系，司机难以确认运转车长发车信号时，经铁路局指定的车站，可由发车人直接向司机显示发车信号。

单机、动车、重型轨道车及无运转车长执乘的列车，均由发车人员直接向司机显示发车信号。

通信记录装置良好的车站，单机、动车、重型轨道车及无运转车长执乘的列车，准许使用列车无线调度通信设备发车。

4. 车站接发列车的特殊规定

如下情况禁止办理相对方向同时接车和同方向同时发接列车：

（1）进站信号机外制定距离内，进站方向为超过 6‰ 的下坡道，而接车线末端无隔开设备。

（2）在接、发旅客列车的同时，接入列车运行监控记录装置发生故障的列车而接车线末端无隔开设备（单机、动车、重型轨道车除外）。

相对方向不能同时接车时，应先接后面有续行列车的列车、停车后起动困难的列车或不适合在站外停车的列车。遇两列车不能同时接发时，原则上应先接后发。具体作业办法按照《站细》规定执行。

三、CTC 系统进路自动触发时机

CTC 系统进路自动触发时机，分为接车进路（通过进路）和发车进路两种情况。

（1）办理接车或通过进路，动车组提前 9 个闭塞分区时自动触发进路，特快旅客列车通过提前 6 个闭塞分区、接车提前 4 个闭塞分区自动触发进路，其他旅客列车通过提前 5 个闭塞分区、接车提前 4 个闭塞分区自动触发进路。

（2）办理发车进路，列车尾部进入股道后 1 min，系统判为列车停稳。停稳后在图定发车时刻前 3 min 触发，不足 3 min 时立即触发；当列车晚点时，在列车运行调整计划发车时刻前 3 min 触发，不足 3 min 时立即触发。

四、分路不良区段排列接发车进路的特殊规定

由 CTC 系统自动排路时，经由分路不良区段排列接发车进路时，系统向操作人员给出提示，操作人员必须派人现场确认分路不良区段空闲，将操作终端站场图分路不良区段闪烁显

示改为稳定显示后,方可通过系统排列该进路。咽喉区经由已确认空闲分路不良区段的进路系统可自动排列该进路;到发线轨道电路分路不良时,接车进路无法自动形成,需要人工排路,发车时,如到发线轨道电路未显示红光带,需要人工排路。

第三节　CTCS-2 级列控系统信息传输

一、CTCS-2 级列控系统的分类

借鉴欧洲列控系统(ETCS)建设经验,结合我国铁路运输特点和既有信号设备制式,考虑未来发展,制定了我国列控系统 CTCS 技术标准,分为 CTCS-0、1、2、3、4 级,见表 6-1。

表 6-1　列控系统分类及应用领域

系统类型	应用领域及组成
CTCS-4	1．基于无线通信平台传输列控信息,取消轨道电路,实现虚拟闭塞或移动闭塞; 2．未来发展方向
CTCS-3	1．基于无线通信平台传输列控信息,轨道电路实现列车占用检查; 2．用于 300~350 km/h 线路,动车组的追踪间隔缩短至 3 min; 3．适应新建高速客运专线,如京津城际、京沪高铁、京广高铁等都采用 CTCS-3 级列车控制系统
CTCS-2	1．基于应答器和轨道电路传输列控信息; 2．用于 200~250 km/h 线路,动车组的追踪间隔缩短至 5 min; 3．已成功应用于第六次提速,时速 200 km 及以上线路里程 6 227 km,其中时速 250 km 线路里程 1 019 km。如我国最早建成的秦沈客专采用 CTCS-2 级列车控制系统
CTCS-1	1．由主体机车信号和安全型运行监控记录装置组成; 2．适用于 160 km/h 以下提速线路
CTCS-0	1．由通用机车信号和运行监控记录装置构成; 2．既有线现状

二、CTCS-2 级列控系统的组成

CTCS-2 级列控系统是基于轨道电路和应答器传输行车许可信息并采用目标距离连续速度控制模式监控列车安全运行的控制系统,由车载设备和地面设备组成。

列控车载设备由车载安全计算机、轨道电路信息读取器、应答器信息接收单元、列车接口单元、记录单元、人机界面、速度传感器、轨道电路信息接收天线、应答器信息接收天线等部件组成。

列控地面设备由列控中心、ZPW-2000K 轨道电路和应答器等设备组成。列控中心具备报文存储调用（或实时组帧）、地面电子单元（LEU）控制、轨道电路低频信息编码及区间运行方向控制等功能，如图 6-2 所示。

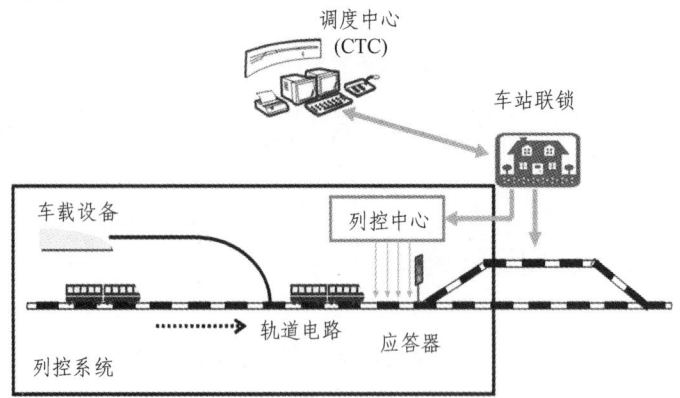

图 6-2　列车运行控制系统组成示意图

三、CTCS-2 级列控系统各组成设备功能

1. 列控中心的功能

根据其管辖范围内各列车位置、连锁进路以及线路限速状况等信息，确定各列车行车许可，并通过轨道电路和点式应答器实时传送给相关列车。

2. ZPW-2000K 轨道电路的功能

ZPW-2000K 轨道电路的功能，如图 6-3 所示。
（1）轨道占用检查。
（2）列车完整性检查。
（3）地车间连续信息传输。

图 6-3　ZPW-2000K 轨道电路

3. 应答器的功能

（1）无源应答器，如图 6-4 所示。

图 6-4 无源应答器

作用：当列车压上本应答器工作区段时，将为列车提供线路速度（如线路最大允许速度、列车最大允许速度）、坡度、轨道电路参数、信号点类型；如升降弓、分项、进出隧道、鸣笛、列车定位等信息。

（2）有源应答器，如图 6-5 所示。

图 6-5 有源应答器

作用：向列车发送实时变化的信息，临时限速（当由于施工等原因引起的对列车运行速度进行限制时，向列车提供临时限速信息）、进路坡度、轨道电路参数、信号点类型等。

四、应答器的设置位置

（1）区间一至两个分区在闭塞分区入口处设有由 2 个无源应答器构成的应答器组，用于提供线路信息和列车定位校准信息。

（2）在正反方向进站信号机处设一个应答器组（1 个有源应答器和 2 个无源应答器组成），到发线出站信号机处设一个无源和 1 个有源应答器组成的应答器组。有源应答器提供接发车进路信息及临时限速信息；无源应答器主要用于提供列车定位校准信息，与连续轨道电路信息配合完成冒进防护功能。

（3）车站进站信号机（含反向）外方 250 m 处设置单个无源应答器，用于列车定位。

（4）区间中继站处上、下行线各设 2 组由有源和无源应答器构成的应答器组，组间相距 210 m，有源应答器提供区间双方向临时限速信息。

应答器提供线路数据、车站进路、临时限速、过分相、定位、级间转换、公里标及车站名等信息。

五、完成地、车信息传输的过程

（1）调度中心将编制好的列车运行图下达至车站 CTC 分机。
（2）CTC 分机实时：
①向车站联锁机（驱采机）下发进路命令；
②向列控中心下达临时限速信息。
（3）车站联锁机按照下发的命令对道岔位置及轨道电路列车占用情况进行采集，并按实际情况进行排列进路，然后将信息反馈给 CTC，CTC 根据情况，再次向车站联锁机（驱采机）下达命令，车站联锁机根据 CTC 下达的进路命令控制道岔、信号机，排列进路。
（4）车站联锁机将进路信息发送给列控中心，列控中心根据进路信息和临时限速信息，生成轨道电路编码和临时限速报文，分别传送给轨道电路和应答器。
（5）轨道电路和应答器将编码和报文通过轨道电路接收天线和应答器接收天线传送给车载设备 ATP，车载设备接收到轨道电路编码和应答器报文信息后，计算生成控制模式曲线（即：采用"目标-距离"控制模式），监控列车安全运行。
（6）目标-距离控车模式：利用地面提供的线路信息、前车（目标）距离和进路状态，列控车载设备自动生成列车允许速度控制模式曲线，并实时与列车运行速度进行比较，超速后及时进行控制。

第四节　应答器、轨道电路设置原则及限速

一、应答器设置原则

（1）车载设备运行方向由应答器组提供。用于识别运行方向的应答器组应至少包括 2 个应答器，用于修正列车位置的应答器组可只用 1 个应答器。
（2）300～350 km/h 客运专线应在每个闭塞分区入口处设置 2 个及以上无源应答器构成应答器组，200～250 km/h 客运专线可间隔 1 个闭塞分区设置 2 个及以上无源应答器构成应答器组。
（3）正向及反向进站信号机（或标志牌）处应设置由有源应答器和无源应答器组成的应答器组，提供进路参数、临时限速、调车危险等信息。
（4）到发线出站信号机（或标志牌）处应设置由有源应答器和无源应答器组成的应答器组，提供绝对停车、进路参数、临时限速、调车危险等信息。
（5）对于冒进后将危及正线运行列车安全的调车信号机（或标志牌）处宜设置由有源应答器和无源应答器组成的应答器组，提供调车危险信息。

（6）区间中继站处根据需要设置有源应答器和无源应答器构成的应答器组，提供临时限速、线路参数等信息。

（7）应答器组内相邻应答器间的距离为（6±0.5）m。设置在闭塞分区入口处、进站信号机（或标志牌）处的应答器组距调谐单元或机械绝缘节的距离宜为（20±0.5）m（从最近的应答器计算，基于250 km/h 运行速度），进站信号机（或标志碑）处的无源应答器如图6-6所示。

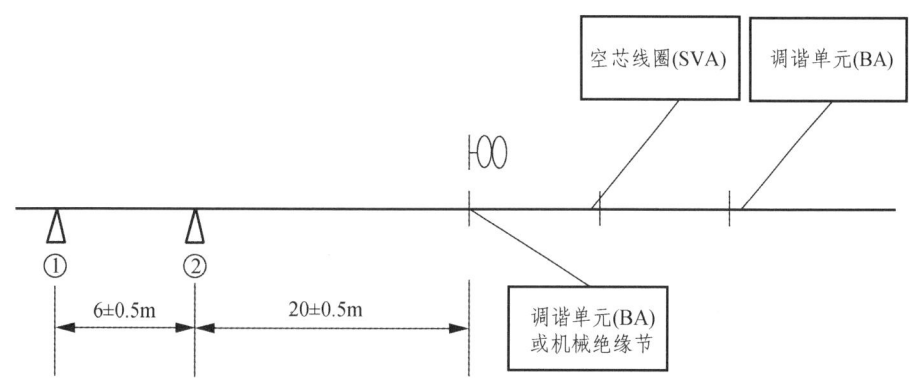

图 6-6　进站信号机（或标志牌）处的无源应答器

（8）出站信号关闭时，出站信号机（或标志牌）处的应答器组发绝对停车报文，车载设备在完全监控、部分监控、调车监控、目视行车、机车信号等各工作模式下接收到该报文均应触发紧急制动。

对于200～250 km/h 客货共线的客运专线，出站信号机处的应答器组安装在出站信号机前方65 m 处，出站信号机前方的无源应答器如图6-7所示。

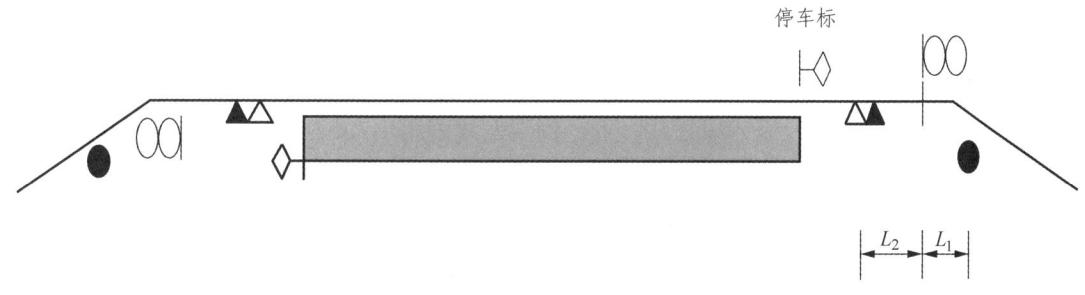

图 6-7　出站信号机前方的无源应答器

L_1：警冲标至绝缘节距离，55 m；

L_2：信号机至应答器距离，65 m。

对于仅开行动车组的客运专线，出站标志牌和轨道电路绝缘节均设置在距警冲标55 m 处（含过走防护距离50 m），应答器组应安装在绝缘节前方（20±0.5）m（从最近的应答器计算）处，出站标志牌前的无源应答器如图6-8所示。

L_1：警冲标至绝缘节距离（含过走防护距离），55 m；

L_2：应答器至绝缘节距离，（20±0.5）m；

L_3：车站站台长度，450 m。

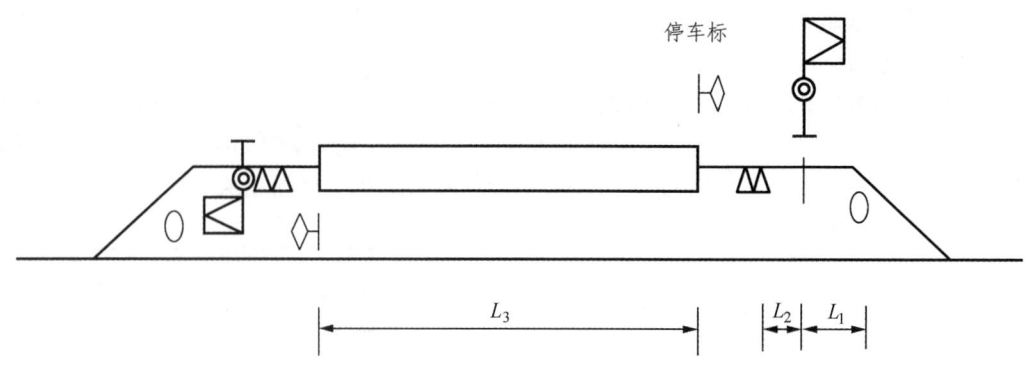

图 6-8 出站标志牌前的无源应答器

（9）在 18 号（不含）以上道岔前第二个闭塞分区入口处应设置由有源应答器和无源应答器组成的应答器组，根据道岔区段及列车运行前方轨道区段空闲条件，给出道岔侧向允许列车运行的速度。相应的 LEU、列控中心等控制设备应与车站或区间中继站的控制设备统筹考虑。

（10）CTCS0 级与 CTCS2 级转换的邻近 CTCS0 级车站，应在进站信号机和出站端均设置有源应答器，提供冗余临时限速信息。

（11）LEU 设备宜集中设置在信号机械室内，控制正线有源应答器的 LEU 设备应采取冗余措施。控制到发线有源应答器的 LEU 设备应采用 $N+1$ 方式冷备。LEU 应具备应答器电缆的断路及短路监测功能。

二、轨道电路设置原则

（1）区间采用 ZPW-2000（UM）系列无绝缘轨道电路。中间站站内应采用与区间同制式轨道电路，复杂大站正线及到发线宜采用与区间同制式轨道电路。上行正线、上行侧到发线采用 2 000 Hz、2 600 Hz，下行线正线、下行侧到发线采用 1 700 Hz、2 300 Hz。

（2）区间、车站轨道电路载频统一排列，绝缘节两侧应采用不同载频。

（3）站内无岔区段或到发线的 ZPW-2000 轨道电路长度不应超过 650 m（线间距不小于 5 m），最小长度应满足列车以最高运行速度通过时车载设备能够正常接收轨道电路信息（暂按不小于 250 m）。

（4）道岔区段 ZPW-2000 轨道电路长度应小于 400 m，最多包含 2 个道岔分支（道岔分支的长度不计入该轨道电路总长度），特殊情况应不超过 600 m。

（5）车站接发车进路轨道电路信息应与其接近信号机防护的进路条件相符。对于 200~250 km/h 客货共线的客运专线，车站接发车进路轨道电路信息应与其接近信号机显示含义相符。

（6）仅开行动车组的客运专线"UUS 码"要求列车限速运行（默认道岔侧向允许速度：80 km/h），表示列车接近的地面信号机开放经 18 号及以上道岔侧向位置进路；客货共线客运专线"UUS 码"按现行规定（TB/T 3060—2002）执行。

（7）300~350 km/h 客运专线，轨道电路控制电缆长度一般情况下不超过 7.5 km，困难情况下不超过 10 km。200~250 km/h 客运专线可参照既有标准执行。

三、ZPW-2000A 无绝缘移频自动闭塞系统

ZPW-2000A 型无绝缘移频自动闭塞，是北京全路通信信号研究设计院和北京铁路信号工厂共同研制的最新产品。该系统是在法国 UM71 无绝缘轨道电路技术引进及国产化基础上，结合国情进行提高系统安全性、系统传输性能及系统可靠性的技术再开发。其特点是：

（1）充分肯定、保持 UM71 无绝缘轨道电路的技术特点及优势。
（2）解决了调谐区断轨检查，实现轨道电路全程断轨检查（电气折断）。
（3）减少调谐区分路死区。
（4）通过系统参数优化，提高了轨道电路传输长度。
（5）采用 SPT 国产铁路信号数字电缆取代法国 ZCO3 电缆，减低了工程造价。
（6）采用先进的微处理技术、DSP 数字信号处理技术实现了设备的通用化。
（7）发送器采用"$N+1$"的余，接收器双机互为备用，提高了系统的可靠性。既充分肯定、保持了 UM-71 无绝缘轨道电路整体结构上的优势，又实现了调谐区断轨检查，在轨道电路传输安全性、传输长度、系统可靠性、可维修性以及结合国情提高技术性能价格比、降低工程造价上都有了显著提高。

该闭塞系统由室外设备、室内设备、系统防雷等组成。基本原理是该轨道电路由主轨道电路和小轨道电路两部分组成，小轨道电路被视为列车运行前方主轨道电路的"延续段"，主轨道电路的发送器配有由编码电路控制的、表示不同含义的低频调制移频信号。该信号经电缆通道传到室外的匹配变压器及调谐单元，从轨道的发送端经钢轨送入主轨道电路以及调谐区小轨道电路接收器。主轨道电路信号经钢轨送到轨道电路的收电端，然后经调谐单元、匹配变压器、电缆通道将信号传到本区段的接收器。调谐区小轨道信号由运行前方相邻轨道电路接收器处理，并将处理结果形成小轨道电路继电器执行条件送至本区段接收器，本区段接收器同时接收主轨道电路移频信号及小轨道电路继电器执行条件，判断无误后，驱动轨道电路继电器吸起，根据继电器的吸起或落下来判断区段的空闲和占用情况。

该系统适应于电气化、非电气化自动闭塞区段，满足电气化区段 1 000 A 牵引电流、10% 不平衡条件下正常工作的要求。做到了电气—电气绝缘节和机械—电气绝缘节等长度传输。该系统满足 25 Hz 相敏轨道电路及交流连续式轨道电路预叠加电码化需求。其良好的轨道电路电源和机车信号信息的隔离传输特性，保证了轨道电路预叠加电码化制式的可靠应用。

该系统成功解决了调谐区的 4 大安全及技术难题：实现全程断轨检查、短体列车占用检查、调谐设备断线后的信号越区传输防护及拍频干扰防护。

基于几十年对传输理论的研究，通过对传输环节 19 项参数的优化配置，同步研制 SPT-P 电缆、提出新的运用方案，成功实现轨道电路长距离传输，单短轨道电路长度达到 1 500 m（2 600 Hz 载频为 1 460 m），车站控制距离延长至 20 km（最长达到 30 km），单段轨道电路完成一个闭塞分区使用要求，通过机械绝缘节与电气绝缘节的全等效设计，使电气绝缘节和机械绝缘节区段达到等长传输，减少了轨道电路分割，有效降低了工程造价。

根据中国国情开发的冗余系统，在基本不增加硬件的基础上成功实现了接收器的成对双机并联运用、发送器的"$N+1$"冗余。在全路应用中，对提升系统可靠性、保证运输起到了关键作用。

开发过程中建立和完善了计算机数字仿真和物理模拟仿真系统,构筑了研究、设计及维修的综合技术平台,保证了对系统的持续创新能力。

该系统具有完全自主知识产权,共获得 9 项国家技术专利,编制有 6 项铁路行业标准。2002 年 5 月通过铁道部技术鉴定,2003 年开始在我国铁路复线推广应用,至 2005 年底已经完成了对六大干线的提速改造,开通使用 8 600 多千米,完成全国 50 年形成自动闭塞里程的 38%以上,创造了我国自动闭塞系统装备速度的奇迹。支撑了我国第五次、第六次铁路大提速,支持了大秦线等重载线路扩能改造工程,对铁路跨越式发展起到了重要作用。

2005 年,通过韩国铁道科学院等多家认证,成功进入韩国铁路市场,至 2006 年 5 月已经在全州—罗洲、首尔—议政府、首尔—春川三条线路区间投入使用。

四、列控中心配置及技术要求

(1)车站、区间中继站设置列控中心,用于实现轨道电路编码、应答器报文存储与调用、区间信号机点灯控制、站间安全信息传输等功能,逐步实现联锁列控一体化。

(2)列控中心采用硬件安全冗余结构计算机,列控中心间采用专用冗余光纤安全网络进行信息传输。

(3)列控中心宜具备分路不良保护功能。

(4)列控中心应具备故障诊断功能,实现故障的实时检测和定位。

五、临时限速

(1)列控中心通过在进站信号机(含反向)、出站信号机、区间中继站处设置的有源应答器,为列车提供临时限速信息。

(2)区间及站内正线临时限速区域以闭塞分区为基本单元,长度超过 5 个闭塞分区的临时限速按站间限速设置。

(3)限速等级设 45 km/h、80 km/h、120 km/h、160 km/h、200 km/h、250 km/h 6 挡。车站侧线限速以咽喉区、到发线为基本单元,限速等级设 45 km/h 1 挡,18 号(不含)以上道岔区段的限速可在上述 6 挡中选择。

(4)相邻两个车站之间(含车站)一个运行方向仅考虑一处临时限速。

(5)提供临时限速信息的有源应答器数据应冗余覆盖,覆盖范围至少应保证列车由最高运行速度常用制动停车的制动距离。

(6)200~250 km/h 客运专线,临时限速由 CTC 调度中心维修调度台进行集中管理,CTC 车站终端也应具备设置临时限速功能。300~350 km/h 客运专线,主用列控系统应统筹设计 CTCS-2 级临时限速设置方式。

(7)车站所建立的经道岔侧向列车进路上有临时限速时,对应接近区段发送"UU 码"(不含 18 号以上道岔)。

临时限速管辖范围,如图 6-9 所示。

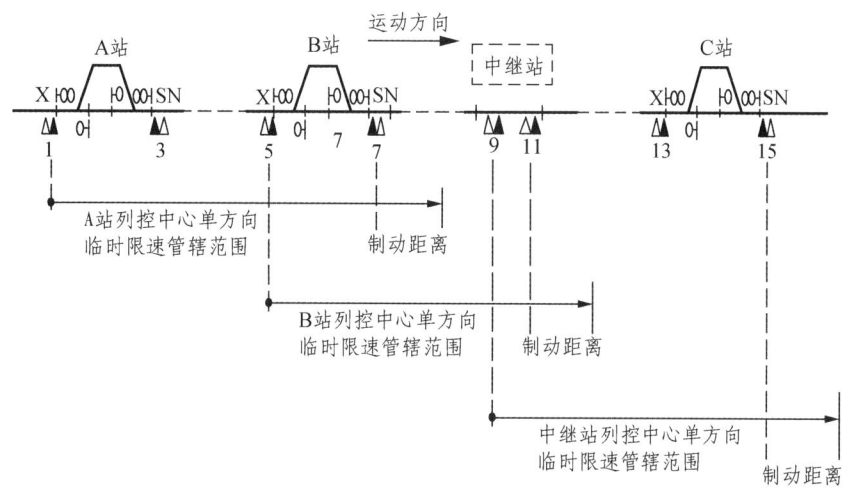

图 6-9 临时限速区段的无源应答器

复习思考题

1. CTC 系统由什么构成？
2. CTC 系统的有哪些操作方式？各适用哪些车站？
3. 操作台模式转换表示灯的表示意义是什么？
4. CTC 车站行车人员的主要工作内容有哪些？
5. CTCS-2 级列控系统如何分类？
6. CTCS-2 级列控系统的组成是什么？
7. 应答器设置原则是什么？
8. 轨道电路设置原则是什么？

参考文献

[1] 赵国平. 铁道线路[M]. 北京：中国铁道出版社，2008.

[2] 卢祖文. 客运专线铁路轨道[M]. 北京：中国铁道出版社，2005.

[3] 李学伟. 高速铁路概论[M]. 北京：中国铁道出版社，2011.

[4] 刘其斌，马桂贞. 铁路车站及枢纽[M]. 北京：中国铁道出版社，2007.

[5] 徐友良. 高速铁路车站与线路[M]. 北京：中国铁道出版社，2012.

[6] 刘建国. 高速铁路概论[M]. 北京：中国铁道出版社，2009.

[7] 中华人民共和国铁道部. 新建200公里客货共线铁路设计暂行规定[S]. 北京：中国铁道出版社，2005.

[8] 中华人民共和国铁道部. 新建200~250公里客运专线铁路设计暂行规定[S]. 北京：中国铁道出版社，2005.

[9] 中华人民共和国铁道部. 新建300~350公里客运专线铁路设计暂行规定[S]. 北京：中国铁道出版社，2005.

[10] 中华人民共和国铁道部. 高速铁路设计规范（试行）[S]. 北京：中国铁道出版社，2009.

[11] 中国铁路总公司. 铁路技术管理规程（高速铁路部分）. 2014.

[12] 王慧晶. 铁路客运业务实务[M]. 北京：中国铁道出版社，2009.

[13] 刘建国. 高速铁路运输组织[M]. 北京：中国铁道出版社，2012.

[14] 邓岚. 高速铁路客运组织与服务[M]. 北京：中国铁道出版社，2011.

[15] 中华人民共和国铁道部. 既有线提速200 km/h 行车组织[M]. 北京：中国铁道出版社，2006.

[16] 王晓云. 德国铁路灵活多样的客票营销方式[J]. 铁道运输与经济，2011（8）.